Heike Heilmann

KITA ist, was DU draus machst!

Inspirationen für ein erfülltes Berufsleben

Verlag an der Ruhr

Impressum

Titel
Kita ist, was du draus machst!
Inspirationen für ein erfülltes Berufsleben

Autorin
Heike Heilmann

Umschlagmotiv
Covermotiv unter Verwendung einer Illustration von © Julia Flasche

Illustrationen
Frau (Fußzeile), Sternchen (Kopfzeile) und Kind mit Ballon (Kapiteldeckblatt): unter Verwendung einer Illustration von © Julia Flasche;
alle anderen: © Norbert Höveler

Druck
Heenemann GmbH & Co. KG, Berlin, DE

Verlag an der Ruhr
Mülheim an der Ruhr
www.verlagruhr.de

ISBN 978-3-8346-4519-7

Inhaltsverzeichnis

Dieses Buch widme ich meinem „23er-Ahnenclub", meiner unbekannten Großmutter **M**argarete, meiner ebenso unbekannten Tante **A**nni & meiner geliebten Mama **C**harlotte. Die Anfangsbuchstaben unserer Vornamen ergeben sinnstiftenderweise „**MACH**". Und das tue ich, indem ich mir die Freiheiten nehme, die ihr nie hattet. Ich hoffe, ihr könnt es sehen und spüren, wo auch immer ihr seid – ich liebe euch!

Vorwort

Wie kann es dir[1] gelingen, dich mit und in deiner Kita-Arbeit so wohl zu fühlen, dass du dich als „glückliche" Erzieherin oder als „glücklicher" Erzieher[2] bezeichnen würdest?

Worin liegen die kleinen und großen Geheimnisse bisheriger erfolgreicher Kindergartenarbeit? Was kommt bei Kindern und Erzieher*innen[3] seit mehreren Generationen gut an und hat sich bestens bewährt? Was brauchen Kinder wirklich, um sich in ihrer Kita gut aufgehoben zu fühlen, und wie kannst du ihnen und dir das Leben in eurer Kita möglichst angenehm gestalten?

Glückliche Erzieher*innen ziehen Kinder und Kolleg*innen gleichermaßen in ihren Bann. Ihr Glück wirkt sogar ansteckend. Auch bei Eltern.

Dieses Buch will dir dabei helfen, dich auf deine Stärken zu konzentrieren, und deine Stärken liegen im Kontakt, im wirklichen und intensiven Kontakt zu den Kindern. Sie befinden sich im Zentrum deiner Arbeit in der Kita, ihre kindliche Neugierde und ihr Spielverhalten dominieren deine Pädagogik. Darum geht es: um die Kinder und um dich! Erst danach kommt der „Rest" – erst danach kann der „Rest" überhaupt kommen.

Du hältst gerade dieses Buch in deinen Händen, möglicherweise hast du zunächst das Cover, die Rückseite und das Inhaltsverzeichnis überflogen, bevor du diesem Vorwort eine Chance gegeben hast. Und nun fragst du dich, ob dieses Buch dir als Erzieher*in etwas geben kann, das dich weiterbringt. Das Buch richtet sich an Erzieher*innen, die ihrem Beruf mit Spaß nachgehen möchten.

Denn du bist auf der Suche nach der besten Kita von allen. Und diese Kita ist jene Kita, die am besten zu dir passt. In der du dich wohlfühlst. In der deine fachlichen und personalen Kompetenzen am effektivsten greifen. Die Kita, in der du erfolgreich, gesund und perspektivisch (entwicklungsorientiert) arbeiten kannst.

---

[1] Aus Gründen der einfachen Lesbarkeit und der Verbundenheit habe ich mich in diesem Buch zum ersten Mal für die persönliche Anredeform des „Du" entschieden.

[2] Im Folgenden wird der Beruf der Erzieherin oder des Erziehers stellvertretend für alle pädagogisch tätigen Menschen verwendet.

[3] Der Verlag an der Ruhr legt großen Wert auf eine geschlechtergerechte und inklusive Sprache. Daher nutzen wir das Gendersternchen, um sowohl männliche und weibliche als auch nichtbinäre Geschlechtsidentitäten einzuschließen. Alternativ verwenden wir neutrale Formulierungen.

Gerade dem Aspekt der eigenen Gesundheit im Job kommt eine zentrale Rolle zu. Denn du möchtest fit und agil bleiben – oder es werden.

Fit für ein befriedigendes Privatleben, agil für Hobbys und Interessen. Nachts gut schlafen, morgens erholt aufwachen und dann motiviert zur Arbeit gehen. Schwierige berufliche Phasen gemeinsam mit einem Team durchstehen, berufliche Erfolge miteinander erleben und teilen und perspektivisch Ziele haben, für die es sich lohnt, sich weiterzubilden und zu engagieren.

Und dieses Buch ist für Erzieher*innen, denen die täglichen Begegnungen mit den Kindern das Wichtigste an ihrem Job sind. Ich will hier davon erzählen, wie viel Spaß es machen kann, in einer Kita zu arbeiten. Wie großartig Kinder sind – ja, auch anstrengend, unbequem, fordernd und auf ihre Weise anmaßend.

Aber Kinder brauchen Menschen, die sie sehen, in ihrem Wesen erkennen, sie halten und trösten, begleiten und sich für sie einsetzen.

Kinder brauchen Menschen wie dich.

Kinder darin zu unterstützen, ihre Talente zu entdecken, sie zu fördern und zu begleiten, ist eine wichtige Aufgabe für das Personal in Kindertagesstätten. Eltern sind quasi durch ihre Liebe „befangen" und durch ihre eigene Biografie geprägt. Sicher kennst du das Bild, dass die ungelebten Träume und Sehnsüchte der Eltern auf die Kinder übertragen werden. Vielleicht hast du als Erzieher*in des Kindes längst erkannt, worin seine wahren Interessen liegen – wäre es dann nicht wunderbar, du könntest das Kind bestärken und fördern in seinen Begabungen oder seine Eltern darauf hinweisen oder beides?

Dazu musst du die Kinder deiner Kita gut kennen und einschätzen können. Du musst dich für sie und für ihre kleine Persönlichkeit interessieren, Zeit mit ihnen verbringen, ihnen Fragen stellen, mit ihnen erzählen, ihnen aufmerksam zuhören und manchmal eben auch „zwischen den Zeilen" lesen.

Verstehst du, was ich ausdrücken will?

Deine Arbeit in der Kita ist wichtig. Du bist wichtig. Die Kinder sind wichtig. Und dann kommt erst einmal eine ganze Weile nichts – bevor Eltern, Team, Träger, Gemeinde, Schule und alle anderen Menschen und Institutionen ins Boot kommen.

Suchen wir also gemeinsam nach Wegen, diese (Kita-)Welt ein klein wenig besser zu machen.

SO-TUN-ALS-OB-PÄDAGOGIK und was du BESSER MACHEN kannst

Wie tickt eine Kita – offensichtlich und unterschwellig?

Mareike stellt sich als Erzieherin in einer Kita vor.

Sie hat ihre Unterlagen bereits vorher beim Träger der Kita abgegeben und wurde dann zu einem Bewerbungsgespräch eingeladen. Mareike ist ziemlich aufgeregt und hat lange überlegt, was sie anziehen soll. Schließlich entscheidet sie sich für ein dezentes Outfit in Grau- und Weißtönen und bequeme Sneaker. Mit ihrem Spiegelbild zufrieden, schnappt sie sich ihren Rucksack und macht sich auf den Weg. Im Vorfeld hat sie gecheckt, wo sich die Einrichtung befindet und wie sie dort am besten hingelangt.

Die Leiterin empfängt sie freundlich und schüttelt ihr herzlich die Hand beim Ankommen. Nach einem ersten formellen Austausch über Mareikes Anreise, das Wetter und den Rahmen des Vorstellungsgesprächs (es soll ca. 30 Minuten dauern) begeben sich Leitung und Kandidatin auf Entdeckungstour. Denn eine Kita lernt man am besten kennen, indem man sie sich direkt ansieht, anstatt „nur" über sie zu sprechen. Stimmt's?

Mareike stellt höfliche Fragen und die Leiterin gibt ebenso höfliche Antworten. Wie groß ist die Kita? Wie viele Kinder werden betreut? Wie ist der Personalschlüssel? Die Öffnungszeiten und die Schließzeiten, wie liegen die? An welcher Stelle der Einrichtung ist die offene Position zu besetzen?

Die meisten Fragen ergeben sich aus den unterschiedlichen räumlichen Stationen des gemeinsamen Rundgangs. Und die Räumlichkeiten einer Kita unterscheiden sich wenig voneinander. Ähnlich wie Wohnungen und Häuser in „Themenbereiche", wie Diele und Flure, Küche, Wohn- und Schlafräume, Bad und/oder WC, Garten/Balkon, Keller und ggf. Dachboden, unterteilt sind, werden auch Kitas in Raumkonzepte eingeteilt.

Hat man sich als Fachkraft diverse Kitas angeschaut, dann weiß man im Prinzip, wo der Hase langläuft, und Überraschungen sind die Ausnahme von der Regel. Natürlich gibt es Unterschiede in dem Grad des Gebäudealters, der Lage der Kita und dem Einzugsgebiet der Familien – aber im Wesentlichen sind Kitas in ganz Deutschland weither erkennbar. Nicht zuletzt an großen und mit Fingerfarben bemalten oder sonst wie dekorierten Fensterfronten.

Stellt man sich also in einer Kita vor, wie in diesem Falle Mareike, kann man sich auf die sogenannten „Rahmenbedingungen" alleine nicht verlassen, wenn man herausfinden möchte, ob die Kita gut zu einem passen könnte.

Andere Fragen treten für Mareike in den Vordergrund:

- *Welchen Eindruck vermittelt die Leitung der Kita?*
- *Verläuft das Gespräch entspannt oder angestrengt?*
- *Wie sieht es mit Störungen aus (Telefon, Türklingel, andere Termine oder Verpflichtungen der Leitung, Anfragen durch Kinder und/oder Kolleg*innen)?*
- *Duzen oder siezen sich die Angestellten?*
- *Wie verhält es sich mit Augenkontakt, Lächeln und Sprechanteilen?*
- *Welche Atmosphäre herrscht zwischen Leitung und Mareike?*
- *Wie empfindet Mareike die Stimmung in der Kita?*
- *Gibt es Kontakte zu den Teammitgliedern, wird Mareike ihnen vorgestellt und erhält sie die Möglichkeit, sich mit ihnen ungestört zu unterhalten?*
- *Wie verhalten sich die Kinder, denen Mareike begegnet?*
- *Kann Mareike ihre Fragen alle stellen?*
- *Zeigt die Leitung Interesse an Mareikes Person und Persönlichkeit?*
- *Welches Bauchgefühl breitet sich während der Besichtigung in Mareike aus?*

Die Darstellung oder Besichtigung der Einrichtung erfolgt auf der einen Seite durch Auskunft, Sichtung und Schilderung. Auf der anderen Seite erfolgt die Präsentation über Stimmungen, Schwingungen und Informationen „zwischen den Zeilen".

Du kennst das Phänomen, dass nur ein Drittel der Informationen auf der sachlich-informativen Ebene stattfinden, die größeren zwei Drittel jedoch über die Sinneseindrücke und Gefühle vermittelt und wahrgenommen werden.

Trotz aller Aufregung und Anspannung wird Mareike ein untrügliches Gespür dafür haben, ob sie sich in jener Kita wohlfühlt – oder eben nicht! Natürlich kann ein erstes Bauchgefühl im Nachhinein trügen. Man nimmt eine Stelle an, obwohl man sich zunächst einmal gar nicht wohlgefühlt hat und beispielsweise dachte, es herrsche ein strenges Regiment in der Kita oder eine Atmosphäre des Stresses. Und dann stellt man fest, dass es nur in jenem Moment so wirkte.

Das aber kommt wirklich selten vor! Zumeist kannst du dich auf deine Instinkte und ersten Gefühlseindrücke verlassen.

Und da der Arbeitsmarkt für pädagogische Fachkräfte gerade sehr gut ist, braucht ihr euch beide nicht mit weniger zufriedenzugeben, als möglich ist – weder du noch Mareike. Es ist doch wahrlich viel schöner, eine neue Stelle mit einem positiven Bauchgefühl anzutreten als mit Bauchweh und (unbegründeten) Hoffnungen, es möge doch nicht so schlecht sein, wie es sich beim Vorstellen oder Hospitieren anfühlte!

Meistens versuchen Leitungen, „ihre" Einrichtung in einem guten Licht darzustellen. Sie heben die gelingenden Elemente hervor, zählen Stärken und Kompetenzen des Teams auf, erwähnen Erfolge und Projekte. Wobei es auch Leitungen gibt, die exakt das Gegenteil praktizieren. Sie wirken genervt, ausgebrannt, gestresst oder möglicherweise sogar krank und berichten augenrollend über Personalnot, Konflikte und unüberwindbare Hürden im Kita-Alltag. Oder das Bewerbungsgespräch verläuft unprofessionell, weil die Leitung nicht vorbereitet ist oder der Gesprächsrahmen von Störungen durchzogen wird. Sollte Mareike oder dir eine Kita so präsentiert werden, dann lieber Finger weg!

Denn du bist auf der Suche nach der besten Kita von allen. Und diese Kita ist jene, die am besten zu Mareike oder zu dir passt. In der ihr euch wohlfühlt. In der eure fachlichen und personalen Kompetenzen am effektivsten greifen. Die Kita, in der Mareike und du erfolgreich, gesund und perspektivisch (entwicklungsorientiert) arbeiten können.

Gerade dem Aspekt der eigenen Gesundheit im Job kommt eine zentrale Aufgabe zu. Du kennst sie auch, die Kolleg*innen, die ihre Arbeit in der Kita krank macht. Die sich mit physischen, psychischen oder sozialen Krankheitsbildern durch die Arbeit schleppen oder darauf zusteuern.

Ich möchte hier bewusst nicht in das Horn blasen, im sozialen Bereich sei ein gesundes Arbeiten und individuelles Vorankommen ein Ding der Unmöglichkeit, das tun andere schon ausführlich und sicher auch berechtigterweise. Nur nutzt es nichts vor Ort, also in der Kita-Praxis, also für Mareike oder für dich.

Für euch und all jene Menschen, die als wichtige Stützen des sozialen Gefüges in Kitas arbeiten, die es verdienen, motiviert statt demotiviert zu werden: Euch möchte ich ein Lob aussprechen und meinen Respekt vor eurer Arbeit zum Ausdruck bringen.

Wie Leitungstypen die tägliche Arbeit bestimmen

Wenn du im Laufe deiner Berufstätigkeit in verschiedenen Kitas unterwegs gewesen bist oder sich in deiner Kita auf Leitungsebene öfter mal personelle Wechsel ergeben haben, wirst du bemerkt haben, dass es Menschen in Leitungspositionen durchaus unterschiedlich handhaben, wie sie mit ihren Mitarbeiter*innen umgehen. Jeder Mensch, der sich in Führungsverantwortung begibt, macht sich Gedanken um seine Kolleg*innen. Wie lassen sich die Mitarbeiter*innen am besten (an)leiten, führen, begleiten und lenken? Wie kann eine möglichst große Zufriedenheit im Team hergestellt werden? Wie gelingt es, aus vielen einzelnen Kolleg*innen ein Team zu formen, das gute Arbeit leistet und sich gut versteht?

Miteinander zu arbeiten, ist wesentlich effektiver als ein Gegeneinander oder Nebeneinander.

Du kennst das aus eigener Erfahrung: Wenn du dich mit deiner unmittelbaren Kollegin oder deinem Kollegen in der pädagogischen Arbeit gut verstehst, dann läuft es einfacher und leichter, als wenn ihr euch über viele Dinge erst verständigen und in vielen Bereichen und Abläufen erst diskutieren und arrangieren müsst. Da geht dann Energie für Diskussionen, Verhandlungen und kritische Auseinandersetzungen drauf, die du eigentlich lieber für die Kinder aufbringen würdest. Sicher musst du dich im Team auch mal zurücknehmen und kannst nicht davon ausgehen, dass alle immer deiner Meinung sind. Aber es ist durchaus hilfreich, wenn du erkennst, welcher Typ Leitung dein*e Vorgesetzte*r ist. Denn mit dieser Leitung musst du dich in jedem Fall auseinandersetzen in deiner Kita, an ihr führt quasi kein Weg vorbei. Manchen Kolleg*innen kannst du aus dem Weg gehen, wenn sie „nicht dein Fall" sind – aber die Leitung gibt den Ton an und prägt die Arbeit durch ihre Persönlichkeit und pädagogische Ausrichtung.

Im Wesentlichen lassen sich zwei Leitungstypen generieren. Es gibt zwar Nuancen und Abweichungen, aber im Kern lassen sich alle auf diese beiden Typen zurückführen:[4]

Typ Nummer 1 ist die Leitung mit einem großen oder sogar sehr großen Ego.

Typ Nummer 2 ist die Leitung mit einem kleineren oder geringen Ego.

[4] *Die beiden Typen variieren natürlich in ihren individuellen Facetten; sie dienen in ihrer dualen Typisierung der vereinfachten Zuordnung deiner Leitung und wollen dabei trotzdem Raum lassen für alle Leitungen, die sich bewusst keinem der beiden Typen zuordnen möchten oder daran arbeiten, ihr Profil stetig weiterzuentwickeln.*

Typisch für Nummer 1 sind Menschen, die ein **starkes Geltungsbedürfnis** haben.

Sie wollen wahrgenommen werden, sie sind (sehr) präsent und kontrollieren das Geschehen gerne. Meist sind sie bereits aus der Ferne als Leitung erkennbar, vielleicht unterscheiden sie sich im Kleidungsstil schon von den übrigen Teammitgliedern. Sie sind stets gut informiert und vernetzt, so manche Leitung dieses Typs wahrt eine professionelle Distanz zu ihrem Team, die als kühl oder abweisend interpretiert wird. Sie schweben über den Dingen, sind kommunikativ und genießen den Respekt von Eltern und Träger.

Man überlegt es sich 3-mal, ob man sich traut, sie offen zu kritisieren oder mit unüberlegten Äußerungen herauszufordern, denn sie sind rhetorisch sehr gut aufgestellt und können mit guten Argumenten punkten. Ihr Führungsstil ist direkt, klar, autoritär, verlässlich und allgegenwärtig. Selbst wenn sie einmal für einige Zeit ausfallen, läuft die Kita in ihrem Sinne weiter.

Typisch für Nummer 2 sind Menschen, die **absolute Teamplayer** sind.

Sie verstehen sich unbedingt als Teil des Teamgefüges und legen großen Wert darauf, sich nicht vom Team abzugrenzen beziehungsweise abzuspalten. Sie delegieren Aufgaben gerne und erkennen die Potenziale ihrer Mitarbeiter*innen rasch. Schwache Kolleg*innen möchten sie integrieren, starke Mitarbeiter*innen können innerhalb des Kita-Betriebs aufsteigen. Sie arbeiten gerne im Hintergrund und lassen den Kindern und Kolleg*innen den Vortritt bei großen Veranstaltungen oder Erfolgen.

Häufig sprechen sie von „wir", wenn sie von ihrer Kita und dem Team reden. Sie packen bei allen Tätigkeiten in der Kita tatkräftig mit an und sind sich für nichts zu schade. Dabei verzetteln sie sich gerne mal oder verlieren den Überblick. Struktur und Organisation sind nicht unbedingt ihre Talente, dafür leiten sie mit Herz, Wärme und Menschlichkeit. Ihr Führungsstil ist kameradschaftlich, freundlich, hilfsbereit, demokratisch und unauffällig.

Natürlich gibt es Mitarbeiter*innen, deren Arbeitsleistungen und Arbeitsmotivation bei jeweils einem der beiden Typen höher ausfallen als bei dem anderen. Und natürlich lassen sich auch alle anderen Teammitglieder in Typ Nummer 1 oder 2 unterscheiden, die dann innerhalb der Typisierung wiederum stark voneinander abweichen können.

Ein buntes Team besticht durch Vielfalt und Unterschiedlichkeit auf der Basis konzeptioneller Verbindlichkeiten. Man zieht pädagogisch an einem Strang und dies erledigt man mit seinen persönlichen Fähigkeiten und Fertigkeiten. Unterschiedlichkeit sollte allerdings nicht zu Beliebigkeit führen und dass ein*e jede*r in seiner*ihrer Arbeit nach seiner*ihrer eigenen Auffassung agieren kann.

Dies sollen folgende Beispiele verdeutlichen:

- *Beate neigt dazu, den Kindern gegenüber laut und dominant zu werden – obwohl allen im Team klar ist, dass das nicht sein sollte.*
- *Nina bevorzugt einige der Kinder ihrer Gruppe und stempelt andere Kinder ab, indem sie von ihnen als „der haut immer nur drauf" oder „die lernt das nie" spricht.*
- *Dirk belohnt manche Kinder, wenn ihm danach ist, und schließt andere Kinder von einer Belohnung aus, weil sie es ihm „nicht recht machen".*

Da ist es doch immens wichtig, im Bereich Kita Grenzen zu setzen, was diese falsch verstandene Vielfalt angeht. Es sollte eben nicht jede*r alles machen können, was ihm*ihr gerade in den Sinn kommt. Es sollte nicht gesagt werden: „So ist der eben, da kann man nichts machen!" Das ist eine resignative Haltung, die pädagogischer Willkür Tür und Tor öffnet. Dafür macht niemand die Ausbildung zum*zur Erzieher*in, um dann mit pädagogisch wertfreien Menschen zusammenarbeiten zu müssen.

In einer Kita sind eindeutige Regeln ebenso zu setzen und einzuhalten wie eine klare pädagogische Ausrichtung. Je mehr und häufiger Ausnahmen und Abweichungen stattfinden, desto größer der Arbeitsaufwand und Stress! Klarheit im Regelwerk und Klarheit in der Pädagogik geben Orientierung, Halt und Handlungssicherheit. Demokratie und Partizipation sind festgeschrieben in den jeweiligen Bildungsplänen der Länder. Da kann es nicht wahr sein, dass ein ausgeprägter Leitungstyp Nummer 1 durch die Kita marschieren und seine*ihre Mitarbeiter*innen systematisch unterdrücken oder gegeneinander ausspielen kann. Und es darf nicht sein, dass Leitungstypen der Nummer 2 sich krank schuften – und damit ein unmenschliches System aufrechterhalten. Ja, das klingt pathetisch. Aber es entspricht auch der Wirklichkeit.

Es gibt Menschen in der Kita, die wenig zu leisten bereit und/oder imstande sind – und es gibt Menschen in der Kita, die das System Kita am Laufen halten und dadurch ständig überarbeitet sind.

Ziel muss es sein, die beiden Typen auf Leitungs- und auf Leistungsebene als solche zu erkennen. Denn danach musst du dein pädagogisches Handeln ausrichten und für dich schauen, ob es mit dem System beziehungsweise der Arbeitsweise einer Kita kompatibel ist.

Wenn das, was du als Teammitglied an Kompetenzen, Werten, Persönlichkeit und Zielen einbringen kannst, in der Kita gebraucht wird und sinnvoll ausgelebt werden kann, dann stimmt die Chemie. Ist das jedoch nicht der Fall, dann wird es wirklich schwierig.

Heute werden freie Stellen in einer Kita gerne auch mit Quereinsteiger*innen oder anderen Menschen besetzt, die weder pädagogisch noch konzeptionell oder persönlich in das System dieser speziellen Kita passen. Hauptsache, die Stellen sind irgendwie besetzt, sodass „die Aufsicht" gewährleistet ist und die Mehrarbeit durch Teile des Teams nicht überhandnimmt.

Mit schwerwiegenden Folgen, denn so werden unprofessionelles Arbeiten und unzureichende Ausstattungen[5] in deutschen Kitas am Leben erhalten. Hier und da mal ein organisierter Streik oder ein paar Euros mehr in der Lohntüte reichen bei Weitem nicht aus, das Dilemma im elementaren Bildungsbereich zu beheben. Da braucht es Menschen wie dich, denn diese Kita-Welt verbessert sich nicht durch stumme Unterwerfung, sondern durch lautstarke Forderungen. Die Arbeitsanforderungen und Leistungsaufgaben in einer Kita müssen klar definiert sein und auf alle Mitarbeiter*innen verteilt werden – und zwar fair!

Das klingt logisch – oder?!

Natürlich ist es leichter, wenn wichtige Aufgaben von mehreren Menschen übernommen werden. Natürlich lastet auf zwei Schultern mehr als auf zehn oder 20 Schultern, auf die sich Aufgaben verteilen. Für diese Erkenntnis braucht man keine großartigen Statik-Kenntnisse. Nicht zuletzt darum leiden Menschen immer häufiger an Verspannungen im Rücken und Nacken, weil eben die Last zu groß ist für die eigenen Schultern.

Und damit beginnst du am besten bei dir selbst. Denn nur du kannst dich verändern und verbessern – und damit nimmst du über dein Verhalten Einfluss auf deine Arbeitsumgebung.

[5] *Hier sind Rahmenbedingungen wie Ausbildung, Lohn, Erzieher-Kind-Schlüssel, hauswirtschaftliche Tätigkeiten durch pädagogisches Fachpersonal, Gebäude und Räume, Finanzen und so weiter gemeint.*

Übung

Reflektiere deine pädagogische Haltung, vergewissere dich, was dir wirklich wichtig ist und wo du zu Kompromissen fähig bist.

- *Wie tickst du in deiner Kita, neigst du vielleicht auch dazu, gerne mal die Diva zu spielen?*
- *Kannst du dich schon auch mal zickig und egoistisch aufführen, um deine Interessen durchzusetzen oder deinen Unmut zum Ausdruck zu bringen?*
- *Oder versuchst du, Harmonie und Frieden zu stiften, wenn Konflikte im Team oder mit Eltern hochkochen?*
- *Liegst du nachts grübelnd wach und sinnierst über Verbesserungen in deiner Kita?*
- *Oder schläfst du rasch ein und gesund durch?*
- *Überlässt du gerne anderen die Führung und das Sagen oder gibst du lieber selbst den Ton an?*
- *Wie viel bist du bereit, in deine Arbeit zu investieren?*
- *Was möchtest du mit deiner Arbeit erreichen?*
- *Wie unterstützt du die Interessen der Kinder, den Kita-Alltag mitzugestalten?*
- *Wo sagst du bei überzogenen Elternforderungen „Stopp!"?*
- *Wie verhandelt dein Team in seiner Kita: Wie, wo und wann wird über deinen Kopf hinweg entschieden? Und wer tut das?*

Das sind Fragen, die du dir stellen kannst – dann ist dieses Buch richtig für dich.

Das sind Fragen, die du dir nicht stellen willst – dann ist dieses Buch umso wichtiger für dich.

Arbeiten für die Optik

Natürlich stört es nicht jede*n im Team gleichermaßen, wenn es keine eindeutigen Regelungen für bestimmte Bereiche gibt.

Sei es das Thema rund ums Rauchen[6] oder rund um die private Nutzung von Smartphones am Arbeitsplatz. Eigentlich sind beide Themen klar geregelt – aber uneigentlich bewegt man sich in einem inhaltlichen Tabu-Bereich.

Und wenn solche Bereiche nicht klar geregelt sind, dann bewegen sich die Kolleg*innen in Grauzonen und checken ihre Grenzen immer wieder aufs Neue aus. Natürlich müssten private Mobiltelefone etc. während der Dienstzeit an einem anderen Ort als der eigenen Hosentasche aufbewahrt werden – aber in der Praxis sind die typischen Ausbuchtungen an einer Gesäßtasche aus dem Alltagsleben vieler Menschen nicht mehr wegzudenken. Oder?

Was wird da Kindern vorgelebt? Welcher Stellenwert wird dem zwischenmenschlichen Kontakt mit den Kindern beigemessen, wenn alle paar Minuten auf das Display eines technischen Geräts geblickt wird?

Wie abwertend sprechen wir im Team über Eltern, die telefonierend oder simsend ihre Kinder zur Kita bringen oder von der Kita abholen – und tun selbst alles Mögliche, um ja keine Nachricht der virtuellen Welt zu verpassen?

Wie gerne verstecken wir uns dann hinter den berühmten Scheinargumenten, wir bräuchten unser Handy zum Fotografieren der Kinder? Zur Dokumentation kindlicher Entwicklungsschritte fürs Portfolio?

Warum stellen wir uns nicht gleich und ständig mit den Smartphones vorm Gesicht am Arbeitsplatz Kita zur Schau und kommunizieren innerhalb des Teams oder mit den Eltern über Social Media?

Vielleicht, weil wir ja doch ahnen, dass es pädagogisch und moralisch ein Arbeiten an den Kindern vorbei ist?

[6] *Gemeint ist hier der Umgang mit Kolleg*innen, die während ihrer Arbeitszeit für mehr oder weniger kurze Rauchpausen nach draußen „verschwinden“.*

Weil ein solches „Arbeiten für die Optik" im Sinne von „Wie sieht das denn aus?" oder „Welchen Eindruck vermittle ich hier?" keinen Einzug halten wird in angesehene Fachliteratur oder in pädagogische Konzeptionen?

Warum haut da keiner auf den Tisch und traut sich, für die Kinder (!) Partei zu ergreifen und ein Verbot dieses Undings einzufordern?

Nur weil Eltern häufig ziemlich unreflektiert und trotzig statt des unmittelbaren Kontakts mit ihren Kindern den mittelbaren Kontakt über das Filmen, Fotografieren oder Betrachten in der virtuellen Welt des Smartphones bevorzugen, müssen Kitas da nicht gleichziehen.

Kinder verdienen unsere volle Aufmerksamkeit – und wir tun gut daran, das auch mutig in die Tat umzusetzen. Und ich spreche hier nicht von Handy-Verboten o. Ä., auch wenn man sich rein arbeitsrechtlich hinter ihnen verstecken könnte. Nein, ich spreche hier von Einsichten, von pädagogischen Haltungen, von Idealen, die wir unseren künftigen Generationen mit auf ihren Lebensweg geben wollen.

Wenn in deiner Kita keine pädagogisch einwandfreien Regelungen existieren, du aber instinktiv oder auch aus eigener Erfahrung heraus spürst: „Da läuft etwas nicht richtig!", dann hast du mehrere Möglichkeiten, damit umzugehen:

- *es mit Leitung und Team thematisieren (extrem mutig!) und nach pädagogischen Lösungen suchen,*
- *für dich selbst handeln und mit gutem Beispiel vorangehen, indem du auf, Smartphone und/oder Rauchpausen und/oder anderes „Arbeiten am Kind vorbei" verzichtest (sehr mutig!),*
- *Verbündete im Team suchen (mutig!) und dann zum Teamthema machen,*
- *den Kopf einziehen beziehungsweise ausschalten und gar nichts ändern, sondern mit den Gegebenheiten arrangieren (mutlos),*
- *vordergründig gute Miene machen und hinter den Rücken einzelner Kolleg*innen schlecht über sie sprechen (fahrlässig).*

Es kann hier um sämtliche pädagogische Bereiche gehen, wie Ernährung, Gesundheit, Werte, Verhalten, Mittagsruhe, Entspannung, Öffnungszeiten, Eingewöhnung, Dienstplan ... und ... und ... und ...

In einer guten Kita gibt es keine dauerhaften Tabuthemen! Denn in jedem einzelnen Arbeitsbereich gilt es, das Kind in all seinen Facetten in den Mittelpunkt zu rücken und nicht die Interessen von uns Erwachsenen.

Die Sandburg zur Abholzeit

Warum ist es üblich, dass Kolleg*innen im freien Spiel draußen meist als kleine oder größere Grüppchen zusammenstehen oder -sitzen und sich unterhalten, während die Kinder für sich spielen, laufen, klettern, toben, streiten, kämpfen, sich langweilen oder umherstreifen? Und wenn die Abholzeiten näher rücken, sich also „Publikumsverkehr" in Form von Eltern und Erwachsenen ankündigt, die Grüppchen auflösen und die Kolleg*innen sich zu den Kindern begeben oder zumindest auf dem Außengelände verteilen?

Da sieht man mit einem Male Kollegin Cordula, die mit zwei Kindern eine Sandburg im Sandkasten baut. Oder den Kollegen Max, der mit einem Kind Fußball im Hof spielt. Da reinigt Praktikantin Martina den Getränketisch von Teeflecken und herumliegenden Trinkbechern oder Erzieherin Maike ist zu beobachten, wie sie Kindern, auf einer Bank sitzend, Bilderbücher vorliest. Vor ein und vor zwei Stunden, als keine Eltern in Sicht waren, kümmerten sich die Kolleg*innen eher um ihre eigenen Interessen als um die tatsächlichen Belange der Kinder. Da sollten die Kinder möglichst viel „unter sich" regeln, von wegen Selbstständigkeitserziehung und so.

Dies zählt ebenfalls unter das Arbeiten für die Optik: dieses Sandburgbauen-zur-Abholzeit, dieses Gut-dastehen-Wollen vor den Eltern, manchmal auch vor der Kita-Leitung oder anderen Personen. Wie die Kinder im Rollenspiel „So-tun-als-ob-Spiele" spielen, so ähnlich handeln Kita-Teams in den sogenannten Freispielzeiten häufig. Sie sind ganz mit sich, mit ihren Interessen und Vorlieben beschäftigt, die Kinder laufen nebenher und werden am Rande mit beaufsichtigt.

Das muss nicht immer schlecht sein!

Kinder brauchen Abenteuer, sie brauchen Freiräume, um auch mal ohne Aufsicht eigene Erfahrungen machen zu können. Was Kinder in Kitas allerdings so gar nicht brauchen können, ist Desinteresse oder Gleichgültigkeit. Noch weniger förderlich ist Ausgrenzung oder Abwertung – derzeit gerade in aller Munde sind dahin gehende Verhaltensverstöße seitens des Fachpersonals.
Wobei der bundesweite Fachkräftemangel und die ungeeigneten Rahmenbedingungen teufelskreisartig ungeeignetes Fachkräfteverhalten bedingen! Jede*r von euch Leser*innen, der*die bei sich selbst oder bei Kolleg*innen wahrnimmt, wie unsensibel oder unangebracht mit Kindern umgegangen wird, ist dem eigenen Gewissen verantwortlich!

Jede Duldung, jedes Mitmachen, jede Beteiligung an Ausgrenzung oder Abwertung – sei es direkt oder über Social Media – ist einmal zu viel.

Und wenn Fachpersonal in Kitas nicht drauf schaut, wer sollte es denn dann machen, um den jüngsten Menschen unserer Gesellschaft beizustehen? Die Kinder suchen sich ihre Kita nicht aus, sie sagen nicht, sie wollen mit einem Jahr schon sieben oder acht Stunden im Gewusel einer Kita verbringen. Kinder können aber zeigen, ob es ihnen gut geht oder nicht, ob sie sich wohlfühlen oder nicht.

Und es sollte, nein, es muss unsere Aufgabe als Pädagogin beziehungsweise Pädagoge sein, unsere Wahrnehmung für eine gute Entwicklung der Kinder zu schulen und einzusetzen, um für Kinder das Beste möglich zu machen.

Keine Fachkraft der Welt schafft es, jeden Arbeitstag in der Kita optimistisch, ausgeruht, flexibel, sympathisch, engagiert, gewissenhaft, korrekt, fehlerlos und energiegeladen auszufüllen. Wir sind alle an unsere menschlichen Grenzen gebunden und befinden uns im Austausch und Abgleich mit unterschiedlichen Systemen, wie Familie, Beziehung, Freundeskreis, Arbeitsplatz, Straßenverkehr und so weiter. Teilweise bestimmen wir selbst darüber, wenn wir in einer Kita gute oder schlechte Leistungen erbringen, teilweise wird es uns vorgegeben oder angewiesen oder vorgelebt. Niemand von uns ist ohne Fehler oder Schwächen. Je leichter es uns fällt, diese zunächst einmal uns selbst gegenüber einzugestehen, desto entspannter können wir mit uns selbst umgehen.

Erst wenn du dir selbst gegenüber empathisch bist, also dich einlassen kannst auf dich selbst, auf deine inneren Beweggründe, auf deine Lebensgeschichte, auf deine Ziele und Wünsche – erst dann bist du auch in der Lage, anderen Menschen gegenüber empathisch, also einfühlsam, sein zu können.

Künstliche Entspannung als Hilfeschrei

Kennst du das auch? Eine unangenehme Atmosphäre in einer Kita? Stress, Hektik, Durcheinander, Chaos, Lärm? Dass du eigentlich den ganzen Tag den Feierabend herbeisehnst? Dass du dich bemühst, freundlich zu sein, obwohl du am liebsten laut schreien und wegrennen würdest? Dass dir vor dem Arbeitstag graut? Dass dir vor bestimmten Begegnungen in der Kita angst und bange ist?

Wenn du dann versuchst, dich zu entspannen, dich zusammenzureißen, wenn du dann versuchst, ein Lächeln in dein Gesicht zu zaubern, Freundlichkeit zu spielen oder Menschen mit Toleranz und Ruhe zu begegnen, denen du am liebsten gar nicht begegnen würdest – wenn du also das Gegenteil tust von dem, was du in dir drin spürst, dann kennst du den Zustand künstlicher Entspannung. Du bemühst dich, anders zu wirken, als du in diesem Moment bist, du unterdrückst deine Bedürfnisse und stellst dich hinter die Erwartungen, die von außen an dich gestellt werden.

Das mag auch eine ganze Weile so gehen, dauerhaft jedoch macht es dich krank. Künstliche Entspannung ist nicht mit echter Entspannung gleichzusetzen. In Kitas mit vielen Tabuthemen lauern ungeklärte Konflikte und ungesunde Arbeitsverteilungen innerhalb des Kita-Teams.

Solche Kitas verfügen über ein scheinbar gutes Team und scheinbar gute Arbeitsleistungen. In Wahrheit erledigen einige wenige den größten Teil der anfallenden Arbeiten, während andere im Team zwar so tun, als würden sie sich über alle Maßen engagieren – es aber in Wirklichkeit nicht tun.

Jene Kolleg*innen werden sich in diesem Buch natürlich nicht wiederfinden. Jene Kolleg*innen werden nicht sagen, dass ihnen ihr Job überhaupt keinen Spaß macht oder Kinder mit Verhaltensauffälligkeiten sie einfach nur noch nerven. Sie genießen meist ein hohes Ansehen im Team und bei den Eltern und du fragst dich oft, wie sie das bloß anstellen. Jene Kolleg*innen beherrschen die Kunst der künstlichen Entspannung in perfider Perfektion. Sie schimpfen und ächzen mit ihren Kaffeebechern in der Hand beim Küchenpersonal über die viele Arbeit, während die Hauswirtschaftskräfte um sie herum wuseln und schwitzen vor Arbeit – und du bei den Kindern bist. Sie genehmigen sich Auszeiten vom Arbeiten, weil du und andere ihre Arbeit gleich mit erledigen.

Vielleicht hilft es dir ja bereits, das hier einfach mal offen und ehrlich geschrieben zu sehen. Es tut gut, wenn einem jemand mal den Rücken stärkt und man sich mit seinen unguten Vermutungen nicht allein fühlt.

Dicke Luft in der Kita oder gestörte Arbeitsatmosphäre

Hast du die Aussage „Hier ist aber dicke Luft" schon einmal gehört an deinem Arbeitsplatz? Doch was meint das eigentlich genau?

Nun, am besten lässt es sich erklären, indem du dir folgende Situation vorstellst:
Du besuchst eine eintägige Fortbildungsveranstaltung, die ausgebucht ist. In einem Raum befinden sich 30 Personen. Es ist Winter und nasskalt, darum sind die Fenster verschlossen, als die Veranstaltung beginnt. Das Thema ist interessant, ihr sitzt zumeist in einem Stuhlkreis, redet, hört aufmerksam zu, diskutiert engagiert. Zwischendurch

erhebt ihr euch von euren Plätzen und legt einige Bewegungseinheiten ein. Kurz vor einer Pause, in der dann gelüftet werden soll, verlässt du den Raum, um die Toilette aufzusuchen.

Als du in den Raum zurückkehrst, kommt es dir vor, als bliebe dir der Atem stehen. Kein Fünkchen Sauerstoff scheint mehr in dem Raum voller Menschen zu stecken, ein Geruch aus Schweiß und schlechtem Atem schlägt dir förmlich ins Gesicht, sodass du kurz die Luft anhältst – wie in einem Schockzustand. Möglicherweise entfährt dir sogar ein Stöhnen oder du sagst erschrocken: „Puh, was für eine schlechte Luft hier ist."
Die anderen Teilnehmer*innen reagieren darauf nicht oder sie reagieren mit Erstaunen, weil nur dir, die du von außen kommst, die „dicke Luft" so gnadenlos auffällt. Jedenfalls kann man so nachempfinden, wie sich „dicke Luft" in der Kita anfühlt – sofern man sie wahrnimmt! Und erst, wenn man das tut, kann man durch Lüften, eine Pause oder einen Raumwechsel für frischen Wind sorgen. Wenn man in der dicken Luft verharrt, sie leugnet oder sie nicht wahrnehmen kann, dann sind Störungen vorprogrammiert.

Kitas, die abstreiten, auch mal dicke Luft im Team oder mit den Eltern oder mit den Kindern zu haben, sind anfälliger für eine dauerhaft gestörte Arbeitsatmosphäre als Kitas, die sich der dicken Luft aktiv annehmen und nach Abhilfe suchen. Dafür braucht es Menschen, die diese dicke Luft beim Namen nennen. Also Menschen wie dich!

Bemerkst du während eines Morgenkreises mit den Kindern, dass Konzentration und Aufmerksamkeit nachlassen, Kinder sich langweilen oder Streit in der Luft liegt, dann trau dich, für eine Pause oder eine Programmänderung zu sorgen. Reiß die Fenster auf, animiere Kolleg*innen und Kinder, am Fenster tief ein- und auszuatmen, frischen Sauerstoff in die Lungen zu tanken. Macht Lockerungsübungen, tanzt zu einem Bewegungslied oder zieht euch spontan an und geht raus in den Garten und tobt euch aus.

Halte nicht an den festen Abläufen und Plänen für den Tag fest, wenn „dicke Luft" herrscht. Denn in einer solchen Atmosphäre kommt nie etwas wirklich Gutes heraus – weder mit Kindern noch unter Erwachsenen. Es lassen sich in „dicker Luft" keine guten Arbeitsergebnisse erzielen, die nicht auf Druck und Sanktionen und Funktionieren zurückzuführen wären. Und das ist auf Dauer sicher kein gesunder Weg für pädagogisch wertvolle Arbeit!

Besser: Stelle das Kind wieder in den Mittelpunkt

Was Erwachsene durch Erfahrung verinnerlicht haben – sprich, unter Druck arbeiten und funktionieren zu müssen – das klappt bei Kindern glücklicherweise (noch) nicht. Doch müssen sie das unbedingt schon in Krippe und Kindergarten einüben und leisten können? Die Aussage: „Wenn du in die Schule kommst, musst du auch stillsitzen und Aufgaben erledigen. Dann kannst du auch nicht nur das machen, was dir gerade Spaß macht", diese Aussage ist doch bei genauerer Betrachtung so richtig daneben, oder? Nur weil es uns allen selbst so ergangen ist, müssen wir das den nachfolgenden Generationen nicht auch antun.

Indem du kleinen Kindern auf ihren Weg mitgibst, dass es okay ist, wenn man Pausen einlegt – und zwar sobald sie eine brauchen und nicht, wenn es der Zeitplan vorsieht – wäre schon sehr viel erreicht. Und wenn du Kindern häufige (Atem-)Pausen zubilligst, ist der Schritt, sie dir selbst und Kolleg*innen und Eltern einzuräumen, nicht mehr weit. Du kannst an deinem inneren Kind alte Schäden der eigenen Erziehung sogar reparieren durch eine Veränderung der eigenen Haltung gegenüber den Kindern.

Ganz viele Dinge erleben Kinder zum ersten Mal in ihrem jungen Leben – das ist anstrengend für Körper, Geist und Seele. Frei und tief frische Luft einatmen, in die körperliche Bewegung gehen, berührt und in den Arm genommen, statt zum Durchhalten aufgefordert zu werden – das sind kleine Schritte zu einem leichteren und gerechteren Zusammensein mit Kindern. Ihre Bedürfnisse waren einst auch unsere Bedürfnisse und die verlaufen ziemlich häufig genau gegenteilig zu dem, was ihnen und was uns beigebracht wurde und wird.

Stillsitzen statt bewegen. Konzentration statt träumen. Zuhören statt in sich hineinhorchen. Nachsprechen statt einfach nur beobachten. Aktivität statt Nichtstun. Oder Nichtstun statt Aktivität. Drinnen sein, wenn man raus möchte oder dann alle zusammen um elf Uhr rausgehen, wenn man gerade so intensiv ins Spiel versunken ist.
Wie alle Kinder behandelt zu werden, statt als Einzelwesen interessant zu sein. Massenabfertigung statt Einzelkontakt. Jedes Mal, wo es dir gelingt, mit einem Kind in einen angenehmen Einzelkontakt zu treten, ist ein Juwel für die Entwicklungsschatzkiste des Kindes. Das kann beim Anziehen der Schuhe passieren oder beim Backen. Das ergibt sich beim Wickeln oder Vorlesen. Beim Zähneputzen, wenn alle bereits fertig sind und du bei diesem einzelnen Kind noch zwei Minuten bleibst und ihm sanft über den Rücken

streichelst, bis es auch mit Zähneputzen fertig ist – statt es anzuhalten und zu ermahnen, sich zu beeilen und es im Waschraum mit der Aussage zurückzulassen: „Komm dann nach, wenn du endlich fertig bist!"

Nicht immer ist es wirklich (!) notwendig, sich um mehrere oder alle Kinder gleichzeitig zu kümmern oder die gesamte Konzeption neu auszurichten, um Kinder in das Zentrum deiner Arbeit zu stellen. Auch kleine Schritte in Richtung Kindzentrierung sind Schritte. Im Grunde genommen, ist es simpel: Was du dir wünschst für dich selbst, das tue für andere! Nicht zu verwechseln mit „Wie du mir, so ich dir!".

Im ersten Falle übernimmst du die Initiative und die Verantwortung für deine Absichten, für dein Handeln, für dein Denken und für deine Haltung. Du sendest und lässt los, du machst dich unabhängig davon, ob deine guten Absichten erkannt und anerkannt werden. Du stoppst deine guten Absichten nicht bei Gegenwind und Geringschätzung. Du nimmst deine positive Grundhaltung ein, egal was andere Menschen davon halten. Du entwirfst eine innere Motivation, etwas Gutes in Bewegung zu setzen. Und sei es nur, indem du Schlechtes nicht mehr mitmachst und dich davon abwendest, statt zuzuschauen.

Niemand, absolut niemand wird und kann dir in deiner Kita-Arbeit etwas vorwerfen, wenn du mit einer kindzentrierten und menschlichen Grundhaltung arbeitest. Sei dir selbst gegenüber wohlwollend, wenn nicht alles sofort gelingt oder verändert werden kann. An althergebrachten, also tradierten und manifestierten Abläufen, Strukturen und Systemen lässt sich nur allmählich etwas von Dauer verändern, wenn man die Veränderung als Prozess begreift. Und ein Prozess benötigt Zeit, Geduld und Durchhaltevermögen. Womit wir erneut bei den erwähnten kleinen Schritten sind.

Wenn du etwas ändern willst, dann bleib am Ball. Erkläre, eine Veränderung mit all dem Fachwissen und den Erfahrungen im Kita-Team sei möglich, bitte die Leitung, ein Thema immer wieder auf die Tagesordnung zu nehmen. Erarbeite Vorschläge, befrage auch die Kinder dazu. Frage in anderen Kitas nach, wie diese das bei sich managen. Sei hartnäckig, sei engagiert, sei freundlich, sei höflich – aber bleibe am Thema dran. Würde sich jemand für deine Belange einsetzen, damit es dir in einer Situation besser geht, würdest du dir auch wünschen, die Person bliebe hartnäckig und engagiert – oder etwa nicht?

Schau nicht so sehr darauf, wie Kolleg*innen sich einbringen oder einsetzen. Schau auf und in dich. Du bist der Motor und der*die Motivator*in in deinem Leben. Nicht die anderen. Vor dir selbst musst du verantworten, was du tust und was du lässt.

Besser: Mit dem Torero-Prinzip negativen Stimmungen ausweichen

Ich stelle mir vor, wie sich einige von euch fragen, was sie tun sollen, wenn ihre eigenen guten Absichten und Ideen für den Kita-Alltag an den eingefahrenen Bahnen oder den negativen Schwingungen und Stimmungen der anderen zu scheitern drohen. Was sie tun sollen, wenn sie mit bester Laune ihre Kita am Morgen betreten und gleich damit konfrontiert werden, wer heute alles fehlt und/oder krank ist, welche Eltern sich über irgendetwas beschwert haben oder wie schlecht das Wetter heute schon wieder mal ist. Wie soll es einem da gelingen, die eigene gute Laune und Arbeitseinstellung aufrechtzuerhalten und sich nicht anstecken zu lassen von den Befindlichkeiten und Schwierigkeiten der übrigen Mitmenschen?

Ein kleiner Tipp hierfür ist das „Torero-Prinzip". Es beruht im Wesentlichen auf einer Technik des Ausweichens. Ein Stierkämpfer in der Arena beschäftigt sich die meiste Zeit des Kampfes damit, den aggressiven Stier „ins Leere laufen" zu lassen. Im übertragenen Sinne bist du mit deiner guten Stimmung und deinen tollen Ideen der Torero, die eher destruktiven Kolleg*innen oder auch Eltern oder Kinder entsprechen kleinen und größeren aggressiven Stieren, die ungeduldig und kampfbereit durch die Kita-Arena schleichen. Schlechte Laune braucht Ventile, sie muss irgendwo hin, sie sucht sich Verbündete und Zielscheiben für ihren Frust und für die negative Energie. Sie will „Dampf ablassen", um nicht zu explodieren. Da könntest du mit deinem Lächeln im Gesicht oder deinem Optimismus wie ein rotes Tuch wirken – und zu einer reizvollen Zielscheibe werden. Und das geschieht unbewusst, das ist keine böse Absicht oder geplante Gemeinheit von den Übellaunigen oder Missmutigen. Aber du bist in einem ganz entscheidenden Vorteil, wenn du dir darüber bewusst bist, was da abläuft zwischen euch in der Kita. Und du wärst ja schön blöd, würdest du diesen Wissensvorsprung nicht für dich und dein Wohlbefinden nutzen, oder?

Wenn also keine gute Atmosphäre herrscht in deiner Kita, projiziere das nicht auf dich, denke nicht, es läge an dir. Denke nicht, dann müsstest du dich stimmungstechnisch anpassen und auch mitjammern oder klagen – sofern dir nicht danach ist. Lass dich nicht runterziehen, solange du bei dir noch ausreichend Ideen und Schwung besitzt, die Situation in der Kita positiv erleben zu können. Natürlich musst du niemanden mit deiner guten Stimmung reizen, beispielsweise, indem du signalisierst, wie rund bei dir alles gerade läuft oder indem du andere abwertest in ihrer schlechten Stimmung.

Das Torero-Prinzip versteht sich als eine Methode des „Loslassens" – du überlässt deine Mitmenschen ihren Befindlichkeiten und Haltungen ohne Wertung. Aber du verharrst nicht mit ihnen darin! Du weichst ihnen aus, du verlässt die Räume und Plätze und Situationen, in und an denen du negative Schwingungen wahrnimmst. Jedenfalls dort und dann, wo das ohne Probleme möglich ist.

Zu tun gibt es in einer Kita doch immer genug, sodass man nicht gezwungen ist, am Ort des Jammerns und Klagens stehen oder sitzen zu bleiben. Hier ein simples Beispiel aus der Praxis:

Du hast Frühdienst und freust dich, dass du darum laut Dienstplan schon gegen 15 Uhr Feierabend haben wirst. Nacheinander melden sich dann zwei Kolleg*innen krank, dir wird klar, dass es für den heutigen Tag personell eng werden wird. Du hast nun mehrere Optionen, dich innerlich damit zu beschäftigen. Wie wirst du reagieren, wenn nachher nach einer Lösung für den personellen Engpass gesucht wird, wenn alle Kolleg*innen ihren Dienst angetreten haben?

Du könntest auf deinen Dienstzeiten bestehen, du könntest aber auch von dir aus anbieten, länger zu bleiben. Du kannst die Hiobsbotschaft mit einem genervten Augenrollen weitergeben: „Es sind schon wieder zwei krank ..." oder gleich den Wind aus den Segeln nehmen und sagen: „Hilde und Frank sind leider krank, aber ich kann gerne einen ihrer Dienste übernehmen."

Die Entscheidung für deine Aktion oder Reaktion triffst du! Ebenso verhält es sich mit deiner Reaktion auf das Verhalten der anderen. Gehst du auf die Aussage von Kolleg*innen ein, die meinen, sich darüber aufregen zu müssen, eine Dienstplanänderung anzuerkennen, oder verlässt du stattdessen die Situation, um in der Küche das Frühstücksgeschirr einzuräumen oder im Gruppenraum die Anwesenheitsliste auszufüllen? Oder übernimmst du es, die Eltern zu informieren, dass aufgrund des Engpasses die Vorschule ausfallen muss?

Tue einfach alles, womit es dir gut geht, oder besser noch: Tue einfach alles, womit es dir, den Umständen entsprechend, am besten geht! Und wenn du keine Lust hast, dich im Job runterziehen zu lassen, dann tu es auch nicht!

Besser: Die Strichliste deiner Kinderkontakte

Was denkst du, wie häufig Erzieher*innen pro Tag mit einem einzelnen Kind in Kontakt sind? Also nicht im Morgenkreis oder während der Aufsicht im Freispiel oder einer Aktion mit einer Kleingruppe, sondern tatsächlich während ihrer gesamten Dienstzeit eines Arbeitstages.

Ich darf verraten: Es sind sehr wenige Male! Und das ist sehr, sehr schade – für die Kinder, aber auch für dich und deine Kolleg*innen.

Die scheinbare Notwendigkeit von Erzieher*innen, in ihrer Tätigkeit immer möglichst vielen Kindern gerecht werden zu müssen, führt zu den abstrusesten Szenarien in Kitas. Wickeln am Fließband (also alle nacheinander zur vollen Stunde oder nach einer Mahlzeit – egal, ob etwas in der Windel ist oder nicht) oder das berühmte „Wir gehen raaaaauuuus"-Startzeichen um elf Uhr vor dem Mittagessen (mit dem Phänomen, dass alle Kinder sich zur selben Zeit im Flur anziehen) führen dazu, die Kinder „abzufertigen" – statt sie in ihrer kindlichen Entwicklung einzeln wahrzunehmen und einzeln zu begleiten.

Ich stelle hier nicht infrage, ob Kinder auch lernen müssen, in der Gruppe klarzukommen und Rücksicht aufeinander zu nehmen, oder ob Abläufe so zu organisieren sind, dass die Kinder versorgt werden können. Was ich meine, ist der Fokus, den du und das übrige Fachpersonal in eurer Kita auf die Kinder legt.

Denn wenn tatsächlich – und nicht bloß in einer Leitlinie oder Konzeption – das einzelne Kind im Zentrum der pädagogischen Arbeit steht, weshalb merkt man das dann nicht an den Kontakten, die Erwachsene und Kinder einzeln miteinander haben?

Wenn von den zehn Wickelkindern dem Geruch und der Erfahrung nach die Hälfte um zehn Uhr nach dem Frühstück nichts in ihrer Windel haben – warum sollten sie dann gewickelt werden? Warum nicht diese Wickelzeit jenen fünf Kindern schenken, die tatsächlich Wickelbedarf haben? Und dafür dann intensiver, länger und im 1:1-Kontakt mit dem*der Erzieher*in?

Wenn schon alle Kinder zur gleichen Zeit ins Freie gehen, warum geht nicht eine Kollegin oder ein Kollege mit den schnellen Anziehkindern vor und du bleibst in Ruhe bei den Nachzügler*innen und schenkst ihnen deine ganze Aufmerksamkeit und Zeit?

Ohne sie anzutreiben oder zu reglementieren, nein, ganz bewusst, um intensive Zeit mit einzelnen Kindern zu verbringen, mit ihnen zu sprechen oder auch zu schweigen, ihnen die Schritte des Ankleidens zu erklären oder sie zu unterstützen. Und selbst wenn es im Team nicht gut ankommen sollte, dass du dich in solchen Situationen gerne einzelnen Kindern widmest – bei den Kindern kommt es gut an, denn ihnen tut es gut, als Einzelwesen wahrgenommen zu werden.

Starte mal den Versuch und führe eine Strichliste deiner Kinderkontakte im Alltag. Stecke dir Zettel und Stift in die Hosentasche und mache für jeden Einzelkontakt, der über wenige Sekunden hinausgeht, einen Strich aufs Papier. Dann werte am Ende einer Woche aus, auf wie viele Striche du gekommen bist.

Wie viele Kontakte nimmst du dir für die Folgetage und Folgewochen vor? Was meinen deine Kolleg*innen dazu? Wie könnt ihr eure Zielkontakte erreichen? Oder bist du gleich beim ersten Mal schon zufrieden mit deiner „Ausbeute"?

Den MOMENT genießen

Das Problem mit der Zeit

Irgendwie fühlst du dich in deiner Kita immer wie unter Strom stehend. Weil es dauernd etwas zu erledigen gilt. Weil du ständig kommunizieren musst. Weil immer irgendjemand etwas von dir will. Entweder klingelt es an der Tür, weil jemand rein möchte, oder es klingelt eines der Telefone, weil jemand Informationen für die Kita hat oder Fragen stellt. Deine Sinne stehen unter Hochspannung. Hören, sprechen, laufen, sitzen, nachdenken, vordenken, suchen, regeln, kontrollieren, sichern, organisieren, umorganisieren, planen, umplanen, essen, schlafen, wickeln, anziehen, umziehen, ausziehen, singen, vorlesen, schreiben – vollgepackt ist dein beruflicher Alltag in der Kita.

Da gibt es einmal die tatsächliche Zeit, das sind die Stunden, Minuten und Sekunden. Die ist für alle Menschen gerechterweise gleich, also gleich viel. Messbar. Nachweislich. Da gibt es aber ein anderes Mal die gefühlte Zeit. Die ist relativ. Individuell.

Und diese gefühlte Zeit empfindest du in der Kita oft als ganz vieles gleichzeitig: zäh wie Kaugummi, wenn du beispielsweise noch mit Kindern, die zu spät abgeholt werden, auf dem Kuschelsofa im Flur wartest und der Minutenzeiger sich wie in Zeitlupe zu bewegen scheint und alles in dir nach dem ersehnten Feierabend nach einem langen Tag schreit. Aber auch als überprall gefüllte Zeit, bedenkst du all die Aktivitäten und Aufgaben, die an einem Morgen vor dir liegen. Die Zeit jedoch, in der du deine Pläne dauernd umwerfen musst, weil sich neue Bedingungen ergeben aus dem Alltag heraus, die empfindest du als die stressigste Zeit.

„Ich komme zu gar nichts, weil ständig etwas anderes geschieht und ich umdisponieren muss“, sagst du häufig. Und es frustriert dich.

Woraus besteht ein ganz normaler Alltag?

Im Wesentlichen ergibt sich dein Kita-Alltag aus unseren kulturellen, sozialen und klimatischen Rahmenbedingungen. Ein regelmäßiger Rhythmus aus Wachsein, Schlaf und der Befriedigung von Grundbedürfnissen, wie Nahrungsaufnahme, hygienischer Versorgung, sowie die Einbettung in gesellschaftsrelevante Bezüge (Bildung- und Gesundheitswesen, Familie, Infrastruktur, Wohnraum) geben vor, in welchem Kontext unser Leben und unser Zusammenleben stattfinden. Wir Menschen befinden uns folglich stets in Beziehung zu anderen Menschen. Das macht Regeln für ein Miteinander notwendig, die über private und öffentliche Instanzen ausgehandelt und kontrolliert werden. Unser normaler Alltag ist also eingebettet in einen gesellschaftlichen Kontext und kein freies oder willkürliches Unterfangen. Er folgt Gesetzen, Regeln und Normen und diese sind notwendig, um größeren Gruppen von Lebewesen in einer Gemeinschaft ein Zusammenleben zu ermöglichen. Das ist einem nicht immer geläufig. Wir verknüpfen den normalen Alltag gerne mit Gewohnheiten und unspektakulärem Alltagskram und vergessen dabei, wie wichtig und elementar diese Basis für unser Zusammenleben ist.

Normaler Alltag ist demnach der Rahmen, innerhalb dessen wir Werte vermitteln und vorleben. Ein Rahmen, in dem sich Abläufe, Haltungen, Möglichkeiten und Grenzen für Kinder erfahren und verinnerlichen lassen. Feste Zeiten für Bringen und Abholen, Mahlzeiten, Spielen und Lernen, Bewegung, Entspannung und Hygiene geben Kindern und dir Orientierung und Sicherheit. Durch den normalen Alltag entsteht Verlässlichkeit, wir können im Geiste irgendwann auf Autopilot umschalten und uns anderen Dingen widmen, sobald wir alltägliche Abfolgen abgespeichert haben. Der normale Alltag ermöglicht es dem Gehirn, Dinge automatisiert abzuleisten, und diese Entlastung führt dazu, dass wir sehr viel Neues hinzulernen können. Gleichzeitig stärkt ein gemeinsamer normaler Alltag das Gemeinschafts- und Zugehörigkeitsgefühl einer Gruppe.

Dadurch erhöht sich die Wahrscheinlichkeit innerer Kontrolle – wir tun also vieles, um das Miteinander aufrechtzuerhalten, und bewegen uns unbewusst innerhalb der gesetzten Normen.

Soziologisch betrachtet, kommt dem normalen Alltag eine zentrale Bedeutung für unsere Gesellschaft zu. Indem wir in der Kita und der Familie normale Alltage teilen, bereiten wir Kinder auf ihre Rolle im gesellschaftlichen System unseres Landes vor. Und darauf, ob es sich aus unserer Sicht lohnt, ein Mitglied dieses System sein zu können. Die Tragfähigkeit unseres demokratischen Rechtsstaats findet also nicht zuletzt, sondern von Beginn an in den Familien und frühkindlichen Bildungseinrichtungen statt und manifestiert sich genau in jenem normalen Alltag, den wir manchmal als langweilig oder unwichtig abzutun pflegen.

Vielleicht gelingt es dir, bewusster und eine Spur dankbarer mit dem normalen Alltag umzugehen, wenn du dir das zwischendurch einmal klar vor Augen führst.

Kann man Zeit „sparen"?

Fragt man Menschen, die durch ein hohes Alter oder eine schwere Erkrankung ihrem Ende entgegensehen, ob es denn etwas gäbe, das sie jüngeren und gesunden Menschen mit auf ihren Weg geben möchten, kommt häufig die Aussage, es habe sich im Nachhinein nicht gelohnt, sich über Kleinigkeiten aufzuregen oder allzu viel Zeit in sinnlose Tätigkeiten zu verschwenden. Status, Geld und Besitz seien unwichtig gegenüber menschlicher Nähe, Freundschaften, Familie und all den Dingen in ihrem Leben, die sie mit Freude und Engagement getan hätten.

Was also würden sie sagen, wo sie im Nachhinein hätten Zeit sparen können?

Was denkst du, wenn du diese Worte liest, liebe*r Leser*in?

Wo kannst du Zeit sparen? Wo kannst du für dich Zeit sparen? Was könntest du dir an Zeit sparen? Womit beschäftigst du dich – was du dir auch sparen könntest?

> Es gibt keine Möglichkeit, sich mehr Zeit zu verschaffen – aber es gibt viele Möglichkeiten, sich seine Zeiten zu füllen!
>
> *Heike Heilmann*

Hier gebe ich die Frage gerne mal an euch ab, denn die Antworten kennt nur ihr allein. Ich möchte lediglich einen Denkimpuls geben.

Was verhindert den Genuss von Zeit in der Kita?

Prinzipiell gibt es zahlreiche Verhinderer von Zeitgenuss in der Kita:

- _lange Öffnungszeiten und/oder Personalmangel,_
- _ein schlechtes Betriebsklima,_
- _wenige oder gar keine Pausen,_
- _Kita als reiner Dienstleister mit hoher Erwartungshaltung seitens der Eltern,_
- _chronische Unter- oder Überforderung der Mitarbeiter*innen,_
- _private Schwierigkeiten oder anstrengende Lebensphasen im Team,_
- _Druck, der durch den Jahreskreis entsteht mit entsprechenden Festen und Aktivitäten, die es zu organisieren gilt,_
- _„verhaltensintensive“ Kinder, Familien, Kolleg*innen – Systemsprenger*innen sozusagen,_
- _Betriebsstörungen, wie bauliche Maßnahmen oder Defekte,_
- _Uneinigkeit in pädagogisch-konzeptionellen Fragen,_
- _eine angstbesetzte Atmosphäre und latente Konflikte,_
- _Perspektivlosigkeit und mangelndes Engagement,_
- _historisch manifestierte Belastungen, die sich dauerhaft etabliert haben,_
- _Standortprobleme und unsichere Arbeitsplätze,_
- _Schlechtwetterzeiten, in denen wenig im Freien stattfindet,_
- _fehlende oder störende Zeitstrukturen,_
- _unsinnige oder eigensinnige Regeln und Abläufe,_
- _mangelnde Transparenz und fehlender wertschätzender Austausch._

Diese Liste ließe sich beliebig erweitern. Du kennst das Phänomen, wenn du dich in deiner Arbeitszeit unwohl fühlst oder gestresst. Dann ist ein genussvoller Umgang mit Zeit nicht möglich.

Genuss bedeutet Wohlempfinden.

Und das liegt nicht immer nur an einem selbst, sondern ist eng verknüpft mit der Umgebung, in der wir uns aufhalten. Dazu gehören in einer Kita Kolleg*innen und Leitung der Einrichtung ebenso wie die Familien, der Träger und die Infrastruktur. Auch die jeweiligen Tagesformen können bei allen Beteiligten starken Schwankungen unterliegen.

Da zählen Genussmomente wirklich zu den Highlights – sie sind nicht auf Knopfdruck steuerbar oder dauerhaft spürbar. Sie sind wie kostbare Juwelen, die ihren ganz eigenen Glanz in die Bude zaubern. Es ist genauso möglich, die Genussverhinderer in den Vordergrund zu rücken, wie es möglich ist, aktiv und bewusst nach einem Genussmoment Ausschau zu halten. Du hast die Wahl, liebe*r Leser*in.

So ein Moment frühmorgens, wenn sich ein schlaftrunkenes Kind auf deinen Schoß kuschelt und ihr eine kurze Zeit eine Verbindung eingeht, kann ein Genussmoment sein. Ein Lächeln, das du aussendest und das erwidert wird, kann ein Genussmoment sein. Eine Berührung in einem Gespräch mit den Menschen in deiner Umgebung kann ein Genussmoment sein, denn meistens agieren wir kognitiv und verstandesmäßig distanziert, wo eine kleine körperliche Geste, wie ein Streicheln des Arms oder Rückens, dem Gegenüber viel mehr Freude bringen würde, als es bloße Worte leisten können. Und Freude, die wir miteinander teilen – und sei es auch nur für eine Sekunde – führt dazu, dass wir uns auch selbst besser fühlen. Jedenfalls kurzfristig. Und das will in unserer schnelllebigen und medialen Welt doch schon etwas heißen, oder?

Kinder und Zeit im Vergleich zu Erwachsenen und Zeit

Kinder entwickeln ihre Beziehung zu Zeit erst allmählich. Sie sind zunächst darauf ausgerichtet, ihre Bedürfnisse nach Nahrung, Trinken, Versorgung, Anreizen, Kommunikation und Bindung erfüllt zu bekommen. Wenn sie hungrig oder durstig sind, sind sie das mit allem, was sie haben, bis ihr Bedürfnis gestillt ist. Sie gehen ganz im Moment auf und denken nicht an später. Sie teilen sich nichts ein oder heben es sich auf. Sie verschieben ihre Bedürfnisse nicht. Bedürfnisse sind akut, wenn sie aktuell sind. Wir Erwachsenen hingegen verschieben und vertrösten dauernd unsere Bedürfnisse. Komisch irgendwie. Aber wohl auch notwendig, um einem strukturierten (beruflichen) Alltag standzuhalten. Um Leistung zu erbringen, ist es notwendig, eigene Bedürfnisse unterzuordnen. Ich kenne Kolleg*innen, die sich stundenlang den notwendigen Gang zur Toilette verweigert haben, um die Kinder ihrer Gruppe beaufsichtigen zu können. Oder Kolleg*innen, die ihr Bedürfnis nach Trinken oder Essen vernachlässigen vor lauter Stress und Hektik. Kennst du das auch aus deiner Kita?

Befragt man Kinder in ihrer Kita, was ihre Erzieher*innen so machen den ganzen Tag, antworten sie erstaunlicherweise am häufigsten in die Richtung, ihre Erzieher*innen würden auf sie „aufpassen“. Mich jedenfalls versetzte die Antwort in Erstaunen. Klar, dass Kinder nicht von Dokumentation, Elternarbeit oder Öffentlichkeitsarbeit sprechen. Aber sind wir wirklich in erster Linie ihre „Aufpasser*innen“ in der Kita? Klingt das nicht schrecklich banal und ein Stück weit auch nach „Aufseher*innen“, wie sie in Gefängnissen oder Heimen arbeiten?

Möchtest du auf diese Weise von Kindern wahrgenommen werden?

Starte ruhig einmal den Versuch, Kinder dahin gehend zu befragen und dich mit ihren Antworten zu beschäftigen.

Also, mir jedenfalls wäre es viel lieber, sie würden mich als Spielpartnerin beschreiben oder als Geschichtenerzählerin oder Lebenskünstlerin, statt als „Aufpasserin“. Obwohl, wenn man es von einer anderen, weniger emotionalen Seite aus betrachtet: Ohne Schutz, Fürsorge und ein Gefühl von Sicherheit könnten Kinder gar nicht gesund aufwachsen. Das alles steckt im Begriff „Aufpassen“ drin.

Und vielleicht ist das ja unsere pädagogische Kernkompetenz, unser erzieherischer Auftrag, den uns die Kinder geben: Gebt Acht auf uns, damit wir uns gesund entwickeln können. Damit wir Kind unter Kindern sein können. Damit wir Rücksichtnahme und soziale Fähigkeiten erlernen, um in einer Gruppe zusammen sein zu können – ohne größere Blessuren davonzutragen. Dann wäre aus Kindersicht das unsere zentrale Aufgabe in den Kitas, nämlich den Rahmen für gemeinsames Lernen, Leben und Wachsen zu bereiten, ihre Sicherheit und Gesundheit im Blick zu behalten und über Bindungen zu ihnen ein Vertrauensverhältnis entstehen zu lassen: In meiner Kita passen die Erzieher*innen gut auf mich auf. Und kann nicht dann erst ein Bildungsplan greifen? Wenn diese vertrauensvolle Bindungsarbeit geleistet worden ist. Und hakt es nicht genau da?

Wie denkst du darüber?

» Den MOMENT genießen

VOR dem Kita-Tag

Die Zeit vor Arbeitsbeginn für sich nutzen

Wie sieht dein Morgen vor Arbeitsbeginn aus? Stehst du lieber auf den letzten Drücker auf und drehst dich erst noch einmal um, wenn dein Wecker läutet? Magst du es besonders am Morgen, die wohlige Bettwärme und Bettschwere noch einige Minuten bewusst zu spüren? Würdest du ohne einen Wecker erst viel später aufwachen? Verändert sich dein Schlaf- und Wachrhythmus mit den Jahreszeiten? Oder bist du generell eher eine Nachteule als ein*e Frühaufsteher*in?

Das verändert sich prinzipiell bei jedem Menschen im Laufe seines Lebens. Als sehr junger Mensch will, kann, soll und darf man sich daran erfreuen, auf dem Zenit seiner Schaffenskraft zu sein, da sollte man sich mit den Zipperlein und Anliegen der reiferen Generationen nicht herumplagen. Deshalb ist es auch so wichtig, dass auch junge Menschen in Kitas arbeiten, Menschen, die ihre Erfahrungen erst noch machen und sich vieles noch gar nicht vorstellen können, was auf ihrem Lebensweg vor ihnen liegt. Ebenso kann Erfahrung eben nur über Erfahrung gemacht werden – da sind ältere Kolleg*innen natürlich im Vorteil.

Sicher hast du, egal welchen Alters du gerade bist, schon Erlebnisse mit deiner inneren Uhr, deinem Biorhythmus, gemacht und dich darüber ausgetauscht. So gesehen, gibt es auch kein Besser oder Schlechter – das Wichtigste ist, dass du dich selbst kennst und einschätzen kannst. Sicher kann jede*r von euch bereits vor der Arbeit etwas zum eigenen Wohlbefinden beitragen. Und das muss keinesfalls eine tägliche Übung oder Prozedur sein, wenn dich das stressen würde.

Herauszufinden, wie man zeitlich gerade in seinem Leben aufgestellt ist, ergibt aber in jedem Falle einen Sinn. So eröffnet sich einem immer mal wieder eine neue und frische Sichtweise darauf, wie man die Zeit vor Arbeitsbeginn für sich am besten nutzen kann. Bereits kleine Veränderungen können auf dich eine inspirierende oder ausgleichende oder motivierende Auswirkung haben, die deinen beruflichen Alltag positiv beeinflussen kann.

Aufsteh-Rituale

Ob wir es wollen oder nicht, wir alle entwickeln Aufsteh-Rituale. Meist unterscheiden sich diese Rituale in alltägliche Routinen, die zwischen freien Tagen und beruflichen Tagen begründet liegen. Also, Tage mit Wecker und Tage ohne Wecker. Tage, die von dir frei gestaltet werden können, und Tage, die dir durch die Kita vorgegeben sind. Wobei sich immer mal wieder Überschneidungen ergeben im Gefühl von Freiheit und Gestaltungsspielräumen, denn auch im privaten Bereich gibt es feste Termine, Hobbys, denen man sich verpflichtet fühlt, oder Familie und Freundeskreise, die man treffen und pflegen möchte. Und ganz sicher gibt es auch Zeiten und Aktionen, in denen du dich als ganz frei und schöpferisch in der Kita erlebst und gar keinen zeitlichen oder strukturellen Druck empfindest. Du machst einfach! Das ist das Außergewöhnliche an diesen Ritualen, die sich einschleichen und manifestieren: Du bemerkst sie kaum noch, du führst sie nur aus – du bist Teil eines Systems oder einer Gruppe – und dafür ritualisierst du dein Denken, Handeln und Reflektieren. Gleichzeitig bist du auf der Suche nach Bestätigung, nach Lob und Anerkennung, nach Zugehörigkeit und Gruppenzugehörigkeit.

Es ist also ein Geben und Nehmen, das unsere Alltagsroutine wie ein Motor am Leben hält. Was dich trotz enormer Müdigkeit morgens zur Kita gehen lässt oder dich abends noch einkaufen und kochen lässt für die Familie – obwohl du viel lieber selbst umsorgt werden würdest. Manchmal ist es ein reines Funktionieren und weißt du was? Das ist gut so! Wir können uns nicht ständig selbst optimieren, indem wir das Unmögliche zu erreichen suchen. Es gibt ihn nicht, den einen Tipp oder den einen Trick, mithilfe dessen wir jeden Morgen schon beim Aufstehen energiegeladen aufspringen und voller Power stecken für den ganzen Tag. An manchen Tagen retten uns unsere Aufsteh-Rituale unser Alltagsleben, indem sie uns überhaupt aufstehen und funktionieren lassen.

Wecker stoppen. Herzhaft gähnen. Irgendwie die Beine aus dem Bett hieven. Ins Bad schlurfen. Erster Toilettengang des Tages. Zweites herzhaftes Gähnen. Lieber erst mal keinen Blick in den Spiegel werfen. Kaffee oder Tee kochen. Sich die Haare raufen oder durch den Bart streichen. Kurz überlegen, welcher Tag ist. Was auf der Tagesordnung steht. Haustier begrüßen. Waschen. Zähne putzen. Radio anstellen. Frühstück richten. Familie oder Partner*in begrüßen. Oder, falls du Single bist, zum ersten Mal einen Blick in den Spiegel riskieren und dich selbst begrüßen. Kaffee oder Tee trinken. Smartphone checken. Duschen oder nicht. Anziehen aber in jedem Fall. Wetterlage und Tagesanforderungen wachrufen im Gehirn. Kleidung dementsprechend auswählen.

So oder ähnlich sind deine und meine Aufsteh-Rituale. Mit denen du oder ich den Einstieg in den Tag finden – ohne groß darüber nachdenken zu müssen. Wenn du dann doch einmal darüber nachdenken magst, welche alternativen Möglichkeiten an

Aufsteh-Ritualen du gerne mal ausprobieren kannst, dann lade ich dich herzlich dazu ein, dir die folgenden Ideen und Impulse einmal anzuschauen.

„Spieglein, Spieglein an der Wand ...“

Kennst du das auch...? Die Spiegel in den Umkleiden deutscher Kaufhäuser? Egal, wie gut du aussiehst, egal, wie alt du bist, egal, welche Figur du hast, egal, welcher Hauttyp du bist, egal, welches Geschlecht, welches Gewicht, welcher Typ Mensch du bist ... diese Spiegel sind derart grell und direkt ausgeleuchtet und meist dichter an dir dran als jeder andere Spiegel, dass du wirklich jeden Pickel, jeden Hüftspeck, jede Geheimratsecke, jede Stelle an dir wie unter einem Mikroskop sehen kannst. Und, mal ganz ehrlich, wer von uns ist schon zu 100 Prozent mit seinem Aussehen glücklich – oder wenigstens zufrieden? – Eben. Kein Mensch ist das.

Ein Hoch auf die Tierwelt, die sich um ihr Aussehen bemerkenswert wenig schert, eigentlich sogar gar nicht. Es ist ihnen schlicht egal. Die allermeisten Arten nehmen ihr Spiegelbild gar nicht wahr, sie sind einfach da. Und die restlichen finden sich interessant oder wunderschön.

Zu den Aufsteh-Ritualen gehört auf jeden Fall ein Blick in den Spiegel, sei er auch noch so kurz. Wäre es da nicht super, man würde besser aussehen als üblich? Klar, wenn du jetzt sagst, „also, ich finde mich immer gut aussehend“, dann kannst du die nächsten Zeilen überspringen.

Nanu, ihr seid ja doch noch alle dabei. Dann kommen hier die Tipps:

- *Im Internet lassen sich zahlreiche Hinweise für optimale Lichtquellen und schmeichelnde Ausleuchtung finden.*
- *Das beginnt bei Dimmern, die man selbst an den Lichtschaltern anbringen kann und mittels derer sich das Licht dunkler und heller drehen lässt.*
- *Das geht weiter mit indirekten Beleuchtungsquellen, bei denen du nicht unmittelbar im Lichtfokus stehst.*
- *Das umfasst auch die Qualität und die Oberflächenbeschaffenheit des Spiegels selbst, da gibt es erhebliche Unterschiede.*
- *Achte auch darauf, ob du dich lieber in einem Ganzkörperspiegel betrachtest oder dir deutlich kleinere Spiegel lieber sind.*
- *Es gibt Farbspiele, die man bei diversen Lampen und Leuchten mittlerweile gleich mitkaufen kann. Sie sind in die Leuchtkörper eingearbeitet und du kannst über*

eine Fernsteuerung den Grad der Helligkeit steuern, zudem gibt es Farbvariationen mit stimmungsvollen Namen, wie Sonnenaufgang, Lagerfeuer, Waldspaziergang oder Meeresblau.

- *Auch einfache Lichterketten oder Kerzen sorgen für ein wohliges Licht im Badezimmer oder Flur oder wo auch immer sich dein Spiegel befindet.*
- *Vermeide es, gleich am Morgen grelle Lichtquellen anzuschalten, und bevorzuge zum Start in den Tag weiches und dezentes Licht, schließlich geht unsere natürliche Lichtquelle – die Sonne – ja auch nicht mit einem prompten Knall am Morgen auf, sondern erst allmählich.*

„Spieglein, Spieglein an der Wand ...“ – dieser Spruchbeginn hängt vielleicht für einige Zeit bei dir über deinem Spiegel, während du neue Lichtquellen ausprobierst. Und wenn du sagen kannst: „Ich bin die Schönste oder der Schönste hier, das liegt auf der Hand“, na, dann hast du doch mal etwas für dich gefunden, was dir gleich morgens einen tollen Start ermöglicht, oder?

Ich bin dann mal offline

Weckt dich morgens dein Handy? Oder ein Radiowecker? Irgendwas Mediales? Dann lass das mal eine Zeit lang weg. Geräte geben Strahlen an ihre Umgebung ab. Mediale Geräte übertragen aber vor allem Nachrichten, die du am frühen Morgen vielleicht besser nicht gleich nach oder mit dem Erwachen aufnehmen solltest.

Da sagt der*die Nachrichtensprecher*in, wo auf der Welt wieder schlimme Dinge geschehen sind. Oder dass es regnen oder stürmen wird. Ein anderes Gerät teilt dir als Erstes mit, sein Akkustand sei niedrig – zack, hast du gleich deinen ersten Arbeitsauftrag des Tages, noch bevor du überhaupt aufgestanden bist. Oder du erfährst noch vor dem ersten herzhaften Gähnen und Recken schon, wer sich für den heutigen Tag in der Kita krankheitsbedingt entschuldigt. Sofort schaltet dein Gehirn auf Stress, indem deine Gehirntätigkeit an Fahrt aufnimmt – ob du willst oder nicht. Da funktionieren wir wie die Urzeitmenschen. Reiz-Reaktions-Muster. Auch auf körperlicher Ebene reagieren wir. Puls geht hoch. Stimmung wird erzeugt und nicht von dir gesteuert, in deinem Tempo. Du wirst von außen in den Tag geweckt. Zack-zack und nicht in aller Ruhe und zunächst einmal im Inneren, in deiner inneren Welt, der du gerade eben erst entschlüpft bist. Keine Chance, deinem Traum noch einmal nachzuspüren. Dich und deine Bettwärme zu genießen. In dich zu gehen, dein Energielevel zu erfragen, langsam in deinen Tag zu starten.

Vielleicht checkst du als Ritual morgens sogar als Erstes deine Nachrichten und findest aus der Whatsapp-Elterngruppe Neuigkeiten und brauchst zehn Minuten, nur um die ganzen Nachrichten zu lesen. Vom mentalen Einsortieren ganz zu schweigen. Oder du erwartest ein Paket und die Sendeverfolgung zeigt dir, dass es heute nicht ankommen wird. Was dich echt ärgert. Ungefragt und unerwartet erreichen dich dann schon in aller Frühe (negative) Informationen, die du eigentlich noch gar nicht richtig verarbeiten kannst. Jedenfalls nicht ohne geistige, körperliche oder seelische Reaktionen. Und das bedeutet Anstrengung, das erfordert dein Denken, Fühlen und wirkt sich zudem auf dein Unterbewusstsein aus. Zumindest Letzteres kannst du nicht steuern.

Also, geh doch mal morgens auf offline. Du glaubst gar nicht, wie viele Minuten Zeit du morgens auf einmal übrig hast. Keine Nachrichten. Keine Infos. Kein Außen. Es gibt sie noch auf dem Markt, einfache Wecker. Oder du leihst dir einen analogen Wecker aus. Es reicht sicher zum Überleben aus, erst später wieder online zu gehen. Natürlich bestimmst du den Zeitpunkt, wann die Geräte wieder angeschaltet werden. Und ob du dich überhaupt auf ein solches Experiment einlassen kannst.

Dein besonderer Morgen

Wir müssen uns nicht damit stressen, am Morgen weniger Stress zu haben, darin läge ein Widerspruch in sich. Die regelmäßigen Rituale und Abläufe variieren bei uns Menschen ganz erheblich. Für manche gehört die erste Zigarette des Tages unbedingt dazu, für andere das Yoga oder Tai-Chi. Es gibt auch Menschen, die beides praktizieren und sich dabei wohlfühlen. Auf jeden Fall so wohl, dass sie mit ihren Gewohnheiten nicht brechen möchten. Und die sich auch nicht rechtfertigen möchten für ihre geliebten Gewohnheiten beim und kurz nach dem Aufstehen. Jede*r von uns, der*die das gut aushalten und akzeptieren kann, ist beliebter bei seinen*ihren Mitmenschen als diejenigen, die ihren Mitmenschen mit gut gemeinten Ratschlägen und Tipps ihre eigenen Prinzipien nahebringen wollen. Aber einmal im Monat oder in der Woche eine Kleinigkeit im gewohnten Ablauf umzuswitchen und etwas Neues auszuprobieren – das passt eigentlich allen in den Kram.

Das wäre doch mal ein interessantes Thema für einen Tagesordnungspunkt bei einer Teamsitzung. Welche Ideen gibt es, sich mal einen individuellen, ganz besonderen

Morgen vor der Arbeit zu „schenken"? Kann es so etwas geben wie einen Frühdienstjoker beispielsweise? Eine Karte, die man in seiner Frühdienstwoche einsetzen kann, um an einem der fünf Frühdienstmorgen seinen Dienst mit einem Mittel- oder Spätdienst tauschen und morgens länger schlafen zu können? Oh, wie viel das bereits ausmacht, wenn du statt 5-mal dann zwischendrin einmal nicht als erste Person für die Öffnung der Kita verantwortlich bist. Und wie nach und nach fast alle Mitglieder im Team mal in diesen Genuss eines besonderen Morgens kämen – eine gemeinsame Erfahrung miteinander und füreinander teilen. Und dies nicht aus einer personellen oder organisatorischen Notwendigkeit, sondern ganz initiativ und gestalterisch als „Geschenk", das allen zugänglich ist.

Aber auch wenn das kein Thema für das gesamte Team ist, kannst du an der Stellschraube der Routine drehen. Du notierst dir in einer dafür geeigneten Zeit einige Ideen, die dir für deinen besonderen Morgen einfallen, und legst die Notizzettel in eine kleine Box. Am besten befindet sie sich in deinem Badezimmer, da du in diesem Raum deine Tage nach oder vor dem Schlaf beginnst und beendest. Jedes Mal, wenn du das Gefühl hast, sehr im Alltagstrott gefangen zu sein oder am Morgen immer schlechter aus dem Bett zu kommen, kannst du einen der Zettel ziehen und nachschauen, ob diese Idee dir für den nächsten Morgen zusagt oder nicht.

Raus aus dem Routinetrott, weil du es willst! Du wirst staunen, wie gut dir deine eigenen Ideen gefallen, denn meist hast du längst vergessen, was du alles notiert hattest. Und dann macht es doppelt Spaß, etwas Neues auszuprobieren – weil es ja sozusagen „auf dem eigenen Mist" gewachsen ist.

Wie lange dauert dein Moment?

Ich möchte dir einen Impuls geben, der für deine Motivation nützlich sein soll, deine ganz individuelle Zeit und Art zu entdecken für deine Momente, die dir guttun, und für deine Art und Weise, einzelne Methoden oder Inhalte in dein Leben zu integrieren. Ohne Anweisungen, ohne Strenge, ohne mahnenden Zeigefinger und ohne Wertung, was richtig ist und was falsch ist.

Beim Stöbern im Buchladen oder im Internet, beim Studieren von Fachliteratur oder im Austausch mit Mitmenschen oder vielleicht sogar beim Betrachten einer Talkshow im Fernsehen – überall erreichen dich Informationen mit Hinweisen, wie Entspannung, wie Gesundheit und wie Glücksmomente bei anderen Menschen funktionieren. Die Rubrik „Lebensratgeber" oder „Alltagspsychologie" boomt seit mindestens 20 Jahren schon, manchmal erscheint es schon skurril, wie zahlreich die Titel sich aneinanderreihen. Denn wo soll man denn da anfangen mit einer gesunden „Life-Work-Balance", wenn einen bereits die Auswahl anstrengt?

Dabei ist es ganz einfach!

Lass den Gedanken los, es gäbe richtige und falsche Ratgeber. Verabschiede das Gefühl, du seist erst dann in Ordnung, wenn du dich in Ordnung gebracht hast, und vertraue deinen ersten inneren Impulsen. Wovon fühlst du dich am meisten angesprochen? Welches Buchcover oder welche Autor*innen gefallen dir spontan? Gibt es Titel, die dich anziehen, oder Cover, die deine Neugier wecken? Bevorzugst du dicke Wälzer oder eher dünne Büchlein? Was besagen Klappentext und Inhaltsverzeichnis?

Du bist es, der oder die sich herausfiltert, ob und was bei dir hängen bleibt, so wird alles, was du siehst oder liest oder hörst oder wahrnimmst, erst dadurch wirksam, dass es durch deine persönlichen Filter läuft. Und ob sich das für dich positiv auswirkt, zeigt dir nur das praktische Tun. Das ist die einzige Hürde, die du nehmen musst: Du musst etwas aussuchen und es ausprobieren.

Wenn es dir ausreicht, morgens bei einer Tasse Kaffee und Radiomusik und Radiogeplapper deine Morgentoilette zu erledigen, dann ist das ebenso gut wie das morgendliche Fitnessprogramm von Kollegin Rosi. Die erzählt dir dann nachher um acht Uhr in der Kita, sie sei bereits eine Runde gejoggt und habe ihr Müsli meditativ am Küchentisch eingenommen. Kollege Konstantin schwört auf Tai-Chi – jedenfalls freitags vor der Arbeit, an den anderen Tagen ist er nicht motiviert genug, sagt er. Cordula hat ihren Wecker so programmiert, dass er sie alle fünf Minuten erneut weckt und das eine halbe Stunde lang – erst dann rollt sie sich gähnend aus ihrem Bett, erledigt eine Katzenwäsche und trinkt ihren ersten Tee des Tages bereits am Arbeitsplatz.

Ich habe vor mehreren Jahren eine Yoga-DVD entdeckt und voller Motivation mit der leichtesten Einheit meine Yoga-Karriere begonnen. Rasch wirkte sich das gut 20-minütige Workout positiv auf meine Stimmung und Haltung aus. Ich fühlte mich beweglicher und ausgeglichener. Die nächsten beiden Einheiten folgten, die waren schon etwas anspruchsvoller und auch anstrengender. Ich entwickelte Ehrgeiz und das Ziel, mich im Yoga weiterzubilden. Auch in meinem Freundes- und Kollegenkreis gab es einige, die mich ermutigten, dranzubleiben.

Aber weißt du was?

Ich habe für mich diese eine kurze Yoga-Sequenz entdeckt. Und das beileibe nicht jeden Morgen. Aber einmal unter der Woche und einmal am Wochenende, das kriege ich gut geregelt.

Fertig.

Mehr nicht. Okay, vielleicht mal die eine oder andere Übung aus den beiden anderen Programmen als Ergänzung oder Variante, die ich einbaue. Aber im Prinzip mache ich, wenn ich Yoga mache, einfach am liebsten die DVD an, setze mich daheim auf meinen Teppich und klicke auf die Anleitung. Ich kann das mittlerweile auswendig mitsprechen ... und schon, wenn die meditative Musik erklingt und die einzelnen Übungen dargestellt und erläutert werden, führt das bei mir zu einem entspannten Zustand. Kein Ehrgeiz mehr, mehr zu machen. Keine Motivation, daran etwas zu verändern. Diese Sequenz ist eine von meinen Momenten im Leben und das seit vielen Jahren und sie dauert genau 23 Minuten, ist immer und verlässlich gleich und tut mir immer gut.

Und das ist richtig und gut, weil es sich für mich richtig und gut anfühlt.

Genau so kann jeder Mensch seine Momente und seine Zeit bestimmen und dazu stehen.

Dein Momente-Fotobuch

Nicht nur Kinder durchleben in ihrer Entwicklung Meilensteine, die in Portfolios dokumentiert werden. Alle Menschen durchlaufen zeitlebens wichtige Entwicklungen. Und da wir im Durchschnitt immer länger leben, werden es zunehmend mehr und mehr. Warum also nicht eine lebenslange Dokumentation nur für dich und von dir?

Wir kennen das ja. Als Kinder und Jugendliche und junge Heranwachsende ist das Leben spannend, vieles wird zum ersten Mal erlebt oder getan. Kein Schritt ohne Foto. Die Sichtung, Speicherung, Sortierung und Dokumentation des ganzen Datenwusts gestaltet sich dann aber viel schwieriger als die Erstellung der Daten. Viele Fotos und Videos landen irgendwann im medialen Mülleimer. Schade irgendwie. Aber auch verständlich.

Wie wäre es, du beginnst dein eigenes Momente-Fotobuch auf niedrigstem Aufwandniveau?

Du suchst dir einen festen Tag im Monat aus, an dem du dich tagesaktuell, und zwar gleich am Morgen, fotografierst, beispielsweise mit einem Selfie oder vor einem Spiegel. Diese zwölf Fotos pro Kalenderjahr druckst du einmal jährlich in einer Fotocollage oder auch als Einzelbilder aus und ordnest sie chronologisch in ein Fotoalbum, sodass dein eigenes Momente-Fotobuch entsteht. Du entwickelst eine gewachsene Struktur deiner morgendlichen Befindlichkeiten, erlebst alters- oder situationsbedingte Veränderungen deiner Morgenroutine und kannst „unterwegs“ auch etwas daran anders machen, wenn das für dich im Nachhinein sinnvoll erscheint.

Damit zu beginnen, ergibt in jedem Alter und in jedem gefühlten Alter einen Sinn – er wird und kann sich aber erst im Nachhinein erschließen. Die Bilder zu betrachten, sich zurückzuentsinnen, sich an der Chronologie entlangzuhangeln und zu wissen, was folgen wird und zum Zeitpunkt der Aufnahme noch völlig unklar war – das alles ergibt einen herrlich magischen Ablauf deines Lebens.

Wer weiß, irgendwann kannst du mit deinen noch nicht geplanten oder existenten Kindern oder einem*einer Lebenspartner*in oder auch mit einem*einer guten Freund*in in deinem Album blättern. Vielleicht hast du auch die eine oder andere Notiz oder Randbemerkung hinzugefügt, die dein Erinnerungsvermögen zusätzlich anregt. Wir Menschen reagieren sehr stark auf optische Reize, daraus erklärt sich auch unsere ausgeprägte Neigung für Displays und Aussehen von Dingen und Lebewesen – es lohnt sich, die wenigen Minuten pro Kalenderjahr zu investieren, um etwas zu erschaffen, das sehr, sehr lange von Bedeutung für dich und alle, die dir nahestehen, sein kann.

Dein Momente-Timer

Lass dich mit einem Timer daran erinnern, was du gerne am Morgen einbauen willst. Gerade wenn du etwas veränderst am üblichen Schema F, wird dich die altbewährte Routine sonst immer wieder einfangen und einholen.

Starte mit einem Tag Veränderung in der Woche und nicht gleich für alle Morgen oder mehrere Tage, der Frust wäre dann vorprogrammiert. Einmal pro Woche morgendliches Yoga oder Aufstehen mit Entspannungsmusik reicht. Einmal pro Woche schon am Vorabend etwas Schickes zum Anziehen rausgelegt und eine Wohlfühldusche vor dem Ankleiden, das genügt für den Anfang. Oder auch dauerhaft. Dann halt immer nur einmal pro Woche eine veränderte Morgenroutine. Es kann der Montagmorgen sein, da bist du noch frisch erholt vom Wochenende. Oder mittwochs, wenn der lange Arbeitstag mit der abendlichen Teamsitzung vor dir liegt. Oder auch der Freitag mit der Aussicht auf den letzten Arbeitstag der Woche. Hier gilt wirklich, dass weniger mehr ist. Wenig Aufwand, viel Effekt. Das prägt sich ein.

So teilst du deine Genussmomente mit anderen

Schlaumeier und Besserwisser gibt es genug auf der Welt. Hast du Lust, es anders zu machen als jene Menschen, die ihre Überzeugungen gerne als das „Nonplusultra" darlegen und sich selbst über andere erheben? Gerne mit den einleitenden und bezeichnenden Worten:

„Also, ich mache ja seit Jahren gleich morgens Qigong und das tut mir einfach nur gut ..." oder „Keine Ahnung, wie Leute ohne Sport morgens richtig in die Gänge kommen ..." oder „Ihr müsst unbedingt grünen Tee am Morgen trinken und frühstücken, kein Wunder, dass ihr immer so schlaff seid!"

Mit sofortiger Wirkung ziehen alle, die es morgens anders machen, entweder devot den Kopf ein oder sie rebellieren innerlich – oft sogar beides gleichzeitig. Menschen, die sehr diszipliniert und gesundheitsbewusst ihre Morgenrituale abhalten, tun dies selten unbemerkt. Sie machen auf sich aufmerksam, meistens jedenfalls, fast als suchten sie nach irgendeiner Anerkennung für den ganzen Aufwand, den sie morgens betreiben. Dabei wird der Arbeitstag nicht automatisch schöner und gesünder, nur weil man Müsli hatte und Yoga.

Im beruflichen Kita-Alltag trifft man auf unterschiedliche Menschen, entspannte, gestresste, friedliche, kriegerische, lockere und angespannte. Und nur, weil du tiefenentspannt in deinen Arbeitstag gestartet bist, wirst du von Konflikten und Aggressionen nicht verschont bleiben. Lärmpegel und Anforderungen gilt es ebenfalls, zu ertragen und zu erfüllen – ob mit oder ohne Tai-Chi oder grünen Tee. Und genau in diesen, den fiesen und anstrengenden Tageseinheiten, hier zeigt sich der „wahre Charakter" eines jeden Teammitglieds. Werte wie Hilfsbereitschaft, Höflichkeit, Freundlichkeit sowie auch Menschlichkeit, Güte und Verständnis. Hier lohnt es sich wirklich, deine Stärken auszuspielen, indem du dir vergegenwärtigst, was dein Gegenüber – egal ob Kind, Kollegin, Kollege oder Eltern – nun am ehesten braucht. Das kann sein:

- *eine kleine Aufmunterung,*
- *eine Tasse mit dampfendem Kaffee oder Tee,*
- *ein sanftes Streicheln über den Rücken,*
- *sich um die ärgerliche Mutter zu kümmern, statt sie Kollegin X oder Kollege Y zu überlassen,*
- *das gestolperte Kind in den Arm zu nehmen, statt es an die Regel zu erinnern, im Flur solle genau aus diesem Grund nicht gerannt werden,*

- *der Kollegin beizupflichten, die als einzige ausspricht, was alle denken, sich aber nicht zu sagen trauen, statt sie alleine im Regen der Kritik stehen zu lassen,*
- *sich in abwartender Geduld zu üben, statt anzutreiben,*
- *beim Zähneputzen der Kinder mal mitzuputzen, statt nur Aufsicht zu führen,*
- *im Morgenkreis mit einem Lächeln und einem neuen Spielimpuls zu deeskalieren,*
- *das Toilettenpapier in allen WCs nachzufüllen statt nur im WC der eigenen Gruppe,*
- *im Frühdienst Arbeiten der Kolleg*innen zu erledigen, weil noch keine Kinder da sind, statt in dieser Zeit zu trödeln und nichts zu machen außer zu warten,*
- *eine kernige Aussage mit einem freundlichen Lächeln zu entkräften, statt darauf einzugehen.*

Es gibt unzählbar viele Situationen, die anstrengend und aufwühlend sind im Alltag. Hier kannst du deine Mitmenschen wunderbar in den Genuss kommen lassen, einen kurzen Moment der Entspannung mit dir zu teilen. Indem du dich bewusst dafür entscheidest, in diesem oder jenem Augenblick dein Ego hintenanzustellen und deinem Gegenüber ein kleines Geschenk zu bereiten. Eine Sekunde, eine Minute oder auch eine Stunde Zuwendung, Rücksichtnahme, Milde, Zuhören, Berührung. Das hilft und bewirkt oft mehr als alle Hinweise auf die eigenen Kompetenzen und die ganzen nach außen getragenen Kritikpunkte und Konjunktivsätze.

Du und deine Kolleg*innen

Dein Arbeitstag in der Kita beginnt. In den wenigsten Einrichtungen nimmt das gesamte Team zur gleichen Zeit seine Tätigkeit auf. Somit gibt es keinen gemeinschaftlichen Start in den beruflichen Alltag. Das erschwert es natürlich, verbindende und verbindliche Rituale zu installieren, es begünstigt hingegen die Gefahr für fehlenden Informationsaustausch und erhöht die Möglichkeiten für Missverständnisse und unterschiedliche Einschätzungen.

Sich das zu vergegenwärtigen, kann bereits hilfreich sein, um Reibungen und Konflikte besser verstehen und einordnen zu können. Das müssen und können sicher nicht alle Kolleg*innen als Gefahr erkennen, aber es ist ja schon toll, wenn du das kannst. Es muss eben eine*n geben, der*die damit anfängt, an den kleinen Stellschrauben des Alltags zu drehen, damit frische Energie durch deine Kita weht.

» Der Gute-Laune-Check zu Arbeitsbeginn

Wie wäre es, wenn du an einem Morgen – vielleicht sogar in Begleitung einzelner Kinder – durch deine Kita wanderst, um alle Kolleg*innen wenigstens einmal am Tag direkt zu begrüßen und zu fragen, wie sie sich heute fühlen? Ob sie gut drauf sind oder schlecht, was für Pläne sie für den heutigen Tag haben oder ob du ihnen etwas Gutes tun kannst? Die Kinder, die dich bei deiner Morgentour begleiten, erleben deine aufsuchende Kontaktaufnahme als willkommene Abwechslung und vielleicht auch als Anlass, selbst mit Kindern und Personal aus anderen Gruppen zu kommunizieren.

» Verbündete finden

Achte darauf, wer im Team sich für solche Impulse von dir begeistern lässt. Wer lächelt dich an, wer äußert sich positiv dir gegenüber, wer wendet dir seine Aufmerksamkeit zu? Mit diesen Menschen lohnt es sich, den Kontakt zu intensivieren, deren Nähe solltest du suchen. Mache sie zu deinen Verbündeten für veränderte Alltagspädagogik durch kleine Ideen und Impulse im Miteinander.

» Mit wem du wie arbeitest – Arbeitsbeziehungen wahrnehmen und klären

Nimm dir für deine Verfügungszeit mal eine Einheit „Arbeitsbeziehungen" vor. Zeichne auf ein Papier eine Tabelle mit drei Spalten. In die erste Zeile schreibst du nun untereinander alle Namen deiner Kolleg*innen. Gerne auch die Namen des hauswirtschaftlichen und des Trägerpersonals. In Spalte zwei trägst du das aktuelle Datum ein. Schließe nun für einige Minuten deine Augen und versuche, deine Gedankenwelt in dir drin so weit zu leeren, dass Platz entstehen kann für Impulse, die du gleich empfängst.

Öffne deine Augen und trage nun spontan und nacheinander bei jedem Namen in die zweite Spalte einen, zwei oder drei Sterne ein. Jeder Stern steht für ein Pluszeichen, das eine positive Beziehung zu dieser Person symbolisiert. So kann jeder Mensch dir zwischen null und drei Sternen nahestehen – in einem positiven Sinne. Je weniger oder je schlechter der Kontakt mit einer Person ist, desto weniger Sterne erhält er.

Wenn du damit fertig bist, lege die Liste unter Verschluss, sodass du sie nicht mehr vor Augen hast bis zum nächsten Teil der Übung. Ausnahme ist, wenn du den zweiten Teil, die Klärung der Arbeitsbeziehung, auch gleich vornehmen willst, sei es, weil du gerade im Thema drin bist, du noch ausreichend Zeit zur Verfügung hast oder du schlicht neugierig bist, wie das Ganze weitergeht.

Du kannst diesen zweiten Teil der Übung direkt an den ersten Teil anschließen. Vielleicht möchtest du aber auch lieber einige Zeit verstreichen und die erste Teilsequenz sacken lassen. Manchmal fragt man sich auch im Anschluss an die Spontaneinschätzung, die du ja impulsiv und aus dem Bauch heraus vorgenommen hast, wie man zu dieser Wahrnehmung kam. Warum man sich beispielsweise mit dem Hausmeister 3-mal besser zu verstehen scheint als mit der Leitung der Kita – oder umgekehrt.

Wie auch immer – die erste Einschätzung war ein grober Schritt, der sich einer stark reduktiven Skala von „0" bis „3" bediente. Du kannst erkennen, zu wem in der Kita du dich stärker hingezogen fühlst, für wen du weniger Sympathien und Verbundenheit hegst und mit wem du einen geringen oder gar keinen guten Kontakt unterhältst.

Was nun folgt, ist quasi ein „Feintuning". Trage in die dritte Spalte deiner Tabelle das aktuelle Datum ein. Dir steht für die Beantwortung der folgenden drei Fragen eine breitere Einschätzungsskala als im ersten Teil zur Verfügung, nämlich Zahlen zwischen

„0" und „10". Die Null steht für sehr gering/nicht vorhanden und die Zehn steht für sehr hoch/ausgeprägt. Die Summe aus deinen drei Einschätzungen trägst du dann in die dritte Spalte ein, also wenigstens „0" und höchstens „30". Gehe die Personen wieder der Reihe nach von oben nach unten durch.

Versuche auch hier wieder durch einige Minuten der inneren Einkehr vor der Übung, zur Ruhe zu gelangen – ob mit geschlossenen Augen oder nicht, obliegt dir.

Hier nun die Fragen:

1. *Wie schätzt du die Häufigkeit deiner Kontakte mit diesem Menschen ein?*
2. *Wie stark ist dein Interesse an der Arbeitsbeziehung zu dieser Person ausgeprägt?*
3. *Könntest du die Arbeitsbeziehung zu dieser Person selbst positiv beeinflussen?*

Mithilfe einer detaillierteren Skala kannst du feinere Unterschiede deiner Wahrnehmung sichtbar machen. Da diese Tabelle ausschließlich für deine Augen bestimmt ist, kannst du es dir erlauben, völlig ehrlich und ohne Tabu zu reagieren. Niemand kontrolliert oder bewertet deine Liste. Wenn du darüber mit niemandem sprechen willst, erfährt auch niemand von der Liste.

Du führst hier eine Selbstwahrnehmungsübung im stillen Kämmerlein durch, die dich anregt, dich mit den Beziehungen an deinem Arbeitsplatz zu beschäftigen. Du wirst vielleicht merken, dass du viel mehr Arbeitsbeziehungen unterhältst als angenommen. Du wirst vielleicht erstaunt sein, wie gerne du zu Kollege Marc oder zu Kollegin Maike mehr Kontakt hättest. Oder wie weit weg du dich von den Trägervertreter*innen siehst. Es kann auch sein, dass die Beziehungen der anderen untereinander dir deutlicher werden. Oder wo Konflikte schwelen. Leichte Beziehungen und schwierige Beziehungen werden für dich erkennbar. Du bemerkst, in welche Arbeitsbeziehungen du gerne mehr Energie investieren würdest und in welche weniger.

Nimm dir abschließend ein etwas größeres, leeres Blatt Papier. In dessen Mitte schreibst du deinen Namen. Und um deinen Namen ziehst du vier Kreise wie bei einer Zielscheibe. An der äußersten Kreislinie befindet sich die Null, die nächste Kreislinie steht für die Zahl Zehn, die übernächste für die Zahl 20 und die letzte, dir am nächsten befindliche Kreislinie steht für die Zahl 30.

Trage nun die Namen von der Tabelle entsprechend deiner durch die Einschätzung erreichten Punktzahl um deinen Namen herum in die Kreise ein. Was siehst du? Wie stellt sich dir dein Schaubild dar? Was löst es in dir aus? Welche Gedanken und Gefühle entstehen in dir? Stehen dir Menschen in der Kita besonders nah? Deckt sich das Schaubild mit deiner Auffassung der Wirklichkeit oder gibt es Abweichungen? Sind Überraschungen für dich dabei? Würdest du dich gerne mit jemandem darüber austauschen und, falls ja, wer wäre das? Was hält dich davon ab, es zu tun?

Wiederhole die Übung in unregelmäßigen Abständen. Deine Beziehungen am Arbeitsplatz sind keine starren Gebilde, die immer gleich bleiben. Sie verändern sich, du veränderst dich. Deine Wahrnehmung kann sich verändern. Deine Erfahrungen lassen dich manches zu einem späteren Zeitpunkt anders erleben und sehen. Außerdem ist nichts so wie beim ersten Mal, wenn du etwas Neues tust. Beim nächsten Mal ist dir diese Übung aus deiner Erinnerung bekannt, du weißt also, was auf dich zukommt. Bereits dieses Vorwissen nimmt Einfluss auf dein Verhalten.

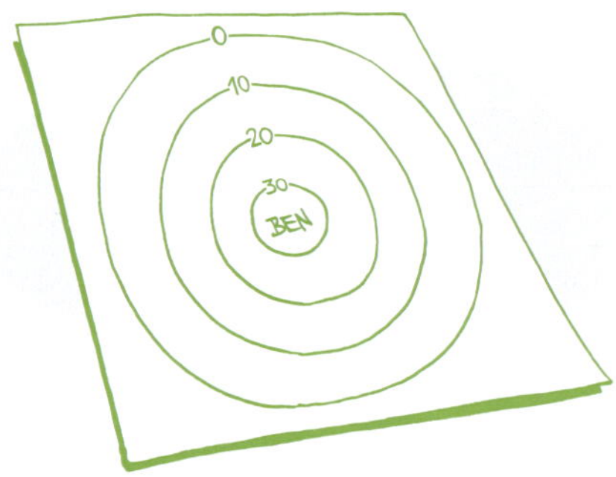

» Arbeitsbeziehungen pflegen

Die Beziehungen, die du in der Kita eingehst, sind ein buntes Sammelsurium aus komplexen Zusammenhängen, die sich im Laufe deiner Betriebszugehörigkeit wandeln und ändern. Allen Beziehungen gemein ist der Umstand, dass es sich formal und offiziell um reine Arbeitsbeziehungen handelt, ausgelöst durch deine berufliche Tätigkeit in der Kita. Dennoch sind Beziehungen in sozialen Einrichtungen etwas Spezielles, etwas Besonderes, und sie unterliegen deshalb auch speziellen und besonderen Anforderungen. Das kann unter Umständen eine knifflige Angelegenheit werden, so eine Arbeitsbeziehung in einer Kita.

Sicher kennst du das: Solange alles glattläuft, kommst du gut mit allen in der Kita aus, du fühlst dich den Kindern nah, hast ja sogar Körperkontakt mit ihnen, du kennst ihre Gewohnheiten und ihre kleinen Persönlichkeiten und dadurch entsteht automatisch ein engeres, ein vertrauteres Verhältnis zu den Eltern. Überhaupt dreht sich in den Beziehungen innerhalb einer Kita viel um Vertrauen, Nähe und Akzeptanz, auch um Anteilnahme und Informationsaustausch. Auch im Team und mit dem Träger steht den arbeitsrechtlichen Grundlagen eine emotionale Beziehung zur Seite, die anders ist als in anderen Arbeitsbeziehungen – ob du das willst oder nicht, ob du der Typ dafür bist oder nicht. Du arbeitest wesentlich mit deiner Persönlichkeit und das ganzheitlich.

Professionalität bedeutet in diesem Kontext also nicht unbedingt, eine Distanz zu den Menschen in der Kita aufzubauen und zu erhalten, sondern Vertrauen und Nähe zuzulassen – und dabei aber mit deinem Fachwissen in die Reflexion zu gehen, deine Arbeitsbeziehungen also immer wieder zu überprüfen.

Darum ist die Pflege deiner Beziehungen an deinem speziellen Arbeitsplatz Kita so enorm wichtig für dich! Sie dient deiner Selbstklärung ebenso wie deiner Psychohygiene. Und ein ganzes Stück weit zählt das auch zu deinen persönlichen Aufgaben und Kernkompetenzen. Sicher haben Kita-Leitung und Träger ihrer sogenannten Fürsorgepflicht gegenüber ihren Mitarbeiter*innen nachzukommen. Aber wenn dein eigenes Zutun wegfällt, erschwert das den Verlauf deiner Beziehungsarbeit in der Kita.

Übernimm selbst die Verantwortung für dein Handeln und verschaffe dir durch die angeführte Übung oder auch durch andere Impulse einen Überblick, wo du gerade mit wem stehst, und überlege dir, wo und mit wem du Handlungsbedarf siehst. Suche du von dir aus das klärende Gespräch. Ziehe für Konfliktgespräche die Kita-Leitung oder eine andere (fachlich) geeignete Person hinzu, die gegebenenfalls die Moderation übernimmt. Investiere in gelingende und leichte Arbeitsbeziehungen und fördere hier proaktiv die weitere Zusammenarbeit. Gib Rückmeldung im Team darüber, wie es dir in deinen Arbeitsbeziehungen mit ihnen geht, niemand kann Gedanken lesen oder in dich hineinschauen. Arbeitsbeziehungen bestehen eben aus Arbeit und aus Beziehung – das klingt schon anstrengend genug. Bringe du die Pflege mit ins Spiel – das klingt doch schon ein wenig leicht und gesund und wohltuend, oder?

» Was tun, wenn es gar nicht geht mit Kollegin X oder Kollege Y?

Wie in allen anderen Beziehungen auch gehören auch in der Arbeitswelt immer mindestens zwei Menschen zu einer Beziehung, du trägst also nicht die alleinige Verantwortung für den Status deiner Arbeitsbeziehungen in der Kita. Dein jeweiliges Gegenüber trägt mit seinem Wesen, seinen Einstellungen, Haltungen und Sichtweisen ebenso aktiv zum Beziehungsstatus bei wie du. Das nimmt dir viel an Verantwortung ab.

Nutzt dir allerdings herzlich wenig, wenn da ein Konflikt lodert mit Kollegin Isabell oder mit der Leiterin Frau Krumm. Du denkst vielleicht schon länger, dass Isabell oder Frau Krumm dich auf dem Kieker haben oder einfach nicht leiden können. Egal was du sagst oder machst – nie scheint es in deren Augen richtig und gut zu sein. Du erhältst kein Lob, sondern nur Tadel. Oder du weißt eigentlich gar nicht, woran du bei Isabell oder bei Frau Krumm bist, weil sie für dich unvorhersehbar reagieren auf deine Person – mal so, mal so. Und das macht dich kirre, du bist damit unzufrieden, verunsichert oder frustriert.

Aus welchem Grunde auch immer – es gibt Arbeitsbeziehungen, die schwierig sind oder schwierig geworden sind oder es noch werden. Niemand von uns wird durch sein Berufsleben marschieren und in Rente gehen, ohne diese Erfahrung sein Eigen nennen zu dürfen: Mit Kollegin Helga oder Kollege Dirk ging es gar nicht!

Manchmal ging es am Beginn der Arbeitsbeziehung noch ganz gut und entwickelte sich erst zum Albtraum, manchmal stimmte die Chemie von vornherein nicht. Manchmal gibt es klärende Gespräche, manchmal nicht. Manchmal eskaliert die Situation, manchmal schwelt sie im Hintergrund und wartet auf ihr „Coming-out" – das sind die Momente, in denen die „Luft brennt" zwischen dir und Helga oder Dirk. Dann halten alle übrigen Teammitglieder den Atem an und es fehlt nur ein Tropfen, der euer gestörtes Beziehungsfass zum Überlaufen bringen würde.

Das gibt es, liebe*r Leser*in! Und das gab es schon immer und das ist eines der wenigen Dinge, die man auch in Zukunft antreffen wird – so viel ist sicher!

Hier helfen oft nur die Akzeptanz und die gute Kinderstube. Und damit meine ich nicht, es lohne kein Lösungsversuch, die Beziehung zu verbessern oder aufzugeben.

Vielmehr gehört es im Leben dazu, seine eigenen Grenzen und Grenzen anderer Menschen zu tolerieren und anzuerkennen. Erst dort, wo jemand ganz anders ist oder tickt wie man selbst, erst dort muss ich mich entscheiden, ob ich diesen Menschen nach seiner Fasson leben lasse oder ihm nachstelle und versuche, ihn „umzuerziehen", anzuklagen oder negativ über ihn zu sprechen. Letztlich geht es bei Arbeitsbeziehungen nicht um „Mögen", sondern um Zusammenarbeit. Es wäre sicher ratsam für dich, nicht unmittelbar mit Helga oder Dirk in einer Gruppe oder einem Projekt zu tun zu haben. Und das kannst du durch offene Gespräche und mithilfe von Vorgesetzten sicher erreichen, zumal es Helga oder Dirk genauso ergehen wird wie dir und sie einverstanden sind, den beruflichen Kontakt auf das Mindestmaß zu reduzieren.

» Außenseiter im Team sein – und trotzdem glückliche Momente erleben

Ich wünsche es niemandem, aber es kann auch dir passieren, Außenseiter*in in deiner Kita zu werden oder zu sein. Sei es mit einer einzelnen Meinung, mit der du allein dastehst, sei es durch Gruppenprozesse, die in ihrer Dynamik außer Kontrolle geraten und bei denen aus dem Blick verloren wurde, niemandem im Team auszugrenzen. Das geschieht, das ergibt sich, das ist menschlich – und das fühlt sich schrecklich an. Der Begriff des „Mobbing" steht dann schnell im Raum und ist er erst einmal als solcher bei dir oder in der Kita laut geworden, dreht sich eine Spirale aus Leugnung, Rechtfertigung, Positionierung und Schmerz um das Teamgefüge. Leider keine Seltenheit. Aber auch nicht zwingend ein Grund zur Resignation. Du hast zu jeder Zeit Mittel an der Hand, dich aus der Mobbingfalle zu befreien. Wobei das alles andere als einfach ist.

Mit welchem Hintergrund auch immer du glaubst, die Außenseiterrolle im Team (derzeit) einzunehmen, du kannst trotzdem oder auch gerade deswegen aktiv etwas tun, damit du dich besser fühlst, indem du dir nämlich Momente kreierst, die dir nachweislich guttun.

Momente, in denen du

- *einzelnen Kindern in Ruhe ein Buch vorliest,*
- *in deiner Pause aus der Einrichtung heraus und spazieren gehst,*
- *du dir für das Abendessen etwas besonders Leckeres überlegst und direkt nach Feierabend dafür einkaufen gehst,*
- *besonders häufig deine Freundinnen, Freunde oder Familie triffst und dich ihnen anvertraust,*
- *dich am Arbeitsplatz an die Maxime hältst: „Reden ist Silber, Schweigen ist Gold",*
- *die Kinder in den Mittelpunkt deiner Tätigkeiten stellst und du den Kontakt mit den Erwachsenen reduzierst,*
- *dir Wutzettel genehmigst: Dafür notierst du dir auf Zetteln alles und ungefiltert, was dich umtreibt, was dir wehtut, was dich wütend macht, wen und was du als ungerecht empfindest … und anschließend verbrennst du deine Wutzettel und schickst die Ausgrenzungserfahrungen ins Universum,*
- *dir für einen Tag vornimmst, allen Menschen ein Lächeln oder ein freundliches Wort zu schenken, die dir begegnen – also auch jenen Menschen, die das in deinen Augen eigentlich gar nicht verdienen.*

Natürlich sind diese Tipps kein Allheilmittel oder dauerhafte Lösungen, aber sie können Akuthelferlein sein, wenn du gar nicht mehr weiterweißt und dir selbst gerade keine Idee kommt, wie du mit deiner Außenseiterrolle umgehen kannst.

» Tipps und Tricks für die Pausenzeiten

30 Minuten Pause im Arbeitsalltag – eine längere Zeit am Stück ist zumeist nicht vorgesehen. Was kannst du tun, um diese halbe Stunde variabel zu gestalten und nicht dem immer gleichen Trott zu erliegen? Nichts gegen Pausenrituale, aber so ab und zu mal etwas an deinem Pausenverhalten zu verändern, bedarf keines großen Aufwands und inspiriert dich – es wirkt sich auf dein Gehirn aus, und zwar positiv im Sinne von Aktivität und Kreativität. Vielleicht ist etwas für dich dabei, das du gerne ausprobieren möchtest.

Mach doch mal das in deiner Pause:

- *Suche dir einen intimen Ort, an dem du ungestört bist. Dein Handy oder Smartphone trägst du sicher sowieso in der Pause bei dir. Kopfhörer ins Ohr, Lieblingsmusik an und lostanzen! Ich bin mir sicher, nach dem ersten Tanz und Song legst du einen zweiten nach!*
- *Kaufe dir bei der erstbesten Gelegenheit (Supermarkt, Eisdiele, Tankstelle) ein leckeres Eis und stelle dir beim Verzehr den Sommer vor: mit Urlaubsfantasien, Sommerferien, Sonnenschein, Schwimmbad, Biergarten und Grillen mit Freund*innen – alles, was toll ist am Sommer, hole dir den Sommer in dein Herz und dein Gehirn und auf deine Zunge!*
- *Nutze die Zeit, um einem geliebten oder einem Menschen, den du gerne magst, eine besondere Freude zu bereiten, indem du im Internet einen Auftrag für die Zustellung eines Blumenstraußes erteilst. Es gibt diverse Anbieter und dir fallen sicher auch diverse Menschen ein, denen du gerne Blumen schicken würdest – einfach so zwischendurch. Das gibt es schon für knapp 20 Euro und du wirst sehen, wie belebend sich die Aktion auf dich auswirkt. Schreibe ein paar nette Worte auf die kostenlose Grußkarte, die es zu einem Blumenstrauß dazugibt, damit klar ist, von wem die Blumen sind. Denke daran, dass geteilte Freude sich verdoppelt!*

- *Vielleicht liegt deine Mittagspause genau in jener Zeit, wenn die meisten Kinder schlafen und der Rest eine ruhige Mittagszeit in der Kita verbringt. Das Wetter erlaubt es, ins Freie zu gehen, aber in 30 Minuten kannst du halt immer nur die gleiche Runde laufen, schon aus zeitlichen Gründen. Dann nutzt du heute mal den Garten für dich. Gehe schaukeln oder klettere auf den hölzernen Turm, lausche einer Entspannungsmusik und lies dabei – oder genieße diesen Spielbereich mal bewusst und intensiv.*
- *Ähnlich der Idee mit dem Blumengruß, aber deutlich preisgünstiger ist es, wenn du jemand Liebem eine nette Postkarte schreibst. Je nachdem, wie rasch du schreibst, gelingen dir vielleicht sogar zwei oder drei Postkarten. Was meinst du, wie wertvoll die positiven Reaktionen sich auf dein Inneres auswirken?*

» Ungewöhnliche Auszeiten mit Kolleg*innen

Kommst du in den Genuss, deine Pause gemeinsam mit Kolleg*innen verbringen zu können, dann habt ihr die Gelegenheit, eure Beziehung zu pflegen. Da wäre es doch schade, sich nur die doofen Dinge des Alltags zu erzählen oder über irgendwelche Probleme und Belanglosigkeiten zu sprechen. Klar, das braucht es manchmal auch, sich mal zu beschweren oder so richtig Dampf abzulassen – aber bald schon merkt ihr, wie rasend schnell die 30 Minuten vorübergegangen sind, ohne dass ihr frische Energie in euch spürt. Das Negative stand im Vordergrund. Was bleibt, ist ein ungutes Gefühl und ein verpasster Moment, etwas Angenehmes mit der Pause und diesem Menschen in Verbindung zu bringen für den heutigen Tag.

Wie wäre es also, wenn ihr miteinander vereinbart, dass 15 Minuten der Pause zum Minus-Austausch ausreichen? 15 Minuten, in denen ihr euch von Schwierigkeiten und Stress erzählt – auf der Arbeit, im privaten Bereich oder auch miteinander?

Dann bleiben euch 15 Minuten für den Plus-Austausch übrig. Vielleicht erinnert euch eine Weckerfunktion im Handy daran, dass die erste Viertelstunde vorüber ist, vielleicht schafft ihr es auch nur manchmal oder ihr macht mal die komplette Pause zur Plus-Zeit. Alles besser, als immer das Gleiche zu machen.

Du kannst mit Kolleg*innen auch vereinbaren, dass sich reihum jemand etwas Neues für die gemeinsame Pause einfallen lässt. Viele Köpfe verfügen über viele kluge Ideen. Das kann auch nur eine oder zwei Minuten dauern, eine klitzekleine Kleinigkeit sein oder etwas Überraschendes, das deine Kolleg*innen sich dann einfallen lassen.

Du und die Kinder

Ab dem Zeitpunkt, an dem du dich bewusst dafür entscheidest, die Kinder in den Mittelpunkt deines Arbeitsalltags zu stellen, wirst du merken, wie viel Zeit du sonst mit den Erwachsenen zu tun hattest und die Kinder nur so „am Rande" mitgelaufen sind. Während der Bring- und Abholzeiten wird viel zwischen Erzieher*innen und Eltern kommuniziert, während der Freispielzeit werden neben der Beaufsichtigung der Kinder vielerlei andere Sachen erledigt.

Du besprichst mit Kolleg*innen den Tagesablauf, wichtige Hinweise und Tagesordnungspunkte müssen dann an alle Kolleg*innen weitergegeben werden, dafür marschierst du durch alle Gruppen und informierst das Team. Mehrfach suchst du vormittags die Küche auf, um Geschirr zu holen oder wegzubringen, Tee nachzufüllen, dein eigenes Essen aus dem Kühlschrank zu holen oder wegzubringen, Mülleimer zu entleeren oder eine Kindergeburtstagstorte abzustellen. Und so weiter. Ein Plausch mit der Hauswirtschaftskraft ergibt sich dabei wie von selbst. Zwischenzeitlich musst du Telefonate erledigen, die Gruppenliste abhaken, den Morgenkreis erledigen. Eventuell teilst du dir das sogar mit deiner Gruppenkollegin oder deinem Gruppenkollegen auf, sodass eine*r von euch Dinge außerhalb der Gruppe organisiert und der*die andere im Gruppenraum „Aufsicht" führt. Verfügungszeiten, Pausenzeiten, verschiedene Projekte und Termine – es existieren zahlreiche Verpflichtungen, die außerhalb der Kindergruppe stattfinden.

Tja, und wenn dann alle gleichzeitig am späteren Vormittag oder dann auch nachmittags bei schönem Wetter für eine Stunde im Garten sind, da sieht man das Fachpersonal auch nicht unbedingt bei den Kindern, sondern an bestimmten „Aufsichtspunkten", wo nach Möglichkeit dann mehrere Erzieher*innen ihre Aufsichtspflicht erfüllen und sich währenddessen unterhalten. Unterbrochen werden sie dabei durch abholende Eltern, die Einlass fordern, oder durch Kinder, die ihre Hilfe benötigen. Wobei es auch da vorkommt, dass Kinder erst dann Unterstützung erfahren, wenn sie sehr vehement und beharrlich weinen, schreien oder sonst auf sich aufmerksam machen.

Ich weiß, ich zeichne hier kein schönes Bild von Erzieher*innen, und ich weiß auch, dass es nur ein Bild von vielen ist und es zum Glück auch andere Bilder gibt. Aber das unschöne Bild bietet sich – wenn du ehrlich bist – sehr häufig. Und das ist jetzt auch keine Ausnahme, sodass ich getrost darüber hinwegsehen kann. Es wird dir, liebe*r Leser*in, auch so gehen, wenn du die Kinder in deinen Fokus stellst. Dann wird dir auffallen, wie viel Zeit an den Kindern vorbei oder neben ihnen her mit ganz anderen Dingen und Menschen zugebracht wird, als sich tatsächlich mit den Kindern zu beschäftigen.

Und wenn man dagegenhält, wie wichtig für kleine Kinder eine stabile und intensive Bindung zu ihren Betreuungspersonen ist und zusätzlich dazu, wie viel ihrer wachen Zeit die Kinder in Betreuungseinrichtungen, wie einer Krippe oder Kita, verbringen – ja, dann ist es doch wirklich kein Wunder, dass es ihnen guttun würde, in der Welt der Erwachsenen eine gewichtigere Rolle einzunehmen, als sie dies faktisch tun. Oder?

» So wirst du zur Anwältin bzw. zum Anwalt für Kinder

Letztlich ist es doch eine Tatsache, dass wir Erwachsene den Kindern den Rahmen für ihr Aufwachsen vorgeben. Nach wie vor spiegelt die Realität, dass Kinderrechte und Partizipation zwar rechtlich auf Papier niedergeschrieben stehen, aber in der Kita-Welt-Wirklichkeit ist es so, dass viele Kinder mehr Zeit in der Kita verbringen als du und dein Team. Sie besuchen die Einrichtung meist passend zu den Arbeitszeiten ihrer Väter und Mütter und verfügen dabei über wenig bis gar kein Mitspracherecht. Auch die Kleinsten zeigen jedoch schon heftig ihren Unmut, falls sie sich zu wenig wahrgenommen, angenommen oder umsorgt fühlen. Vielleicht ohne Worte, aber dafür durch Schreien, Weinen, Beißen oder auch durch Lethargie oder Aggression. Sie fallen durch ein unausgeglichenes Verhalten auf und zeigen eindeutig Stresssymptome, indem sie beispielsweise ein ungesundes Ess- oder Schlafverhalten an den Tag legen. Meist hilft ihnen das wenig, denn ihre Eltern und Erzieher*innen sind im Alltag durch ihren Beruf getaktet und die Arbeitswelt der Erwachsenen diktiert den Kindern ihren Alltag zu Hause und in der Kita.

Umso wichtiger bist du!

Denn bei allem Wirbel um Vereinbarkeit von Beruf und Kind muss das Kind auf aktive Förderung und aktive Förderinnen und Förderer zählen können. Menschen, für die das Kindeswohl oberste Priorität hat. Menschen, die sich „im Zweifel" immer auf die Seite des Kindes schlagen. Menschen, die auch mal Stopp sagen, um von dem Kind Druck zu nehmen. Menschen, die ein Kind umarmen und halten, statt auf es einzureden und einzureden und einzureden. Menschen, die erkennen, dass Kinder keine kleinen Erwachsenen sind, sondern junge Menschen. Sie haben mit Erwachsenen und deren Lebenswirklichkeit in etwa so viel zu tun wie du mit der Oper oder einem Profifußballverein – nämlich (fast) nichts! Du hast zwar schon mal von der Oper gehört oder eine leise Ahnung davon, wie es in einem Profifußballverein abgeht – aber im Grunde sind es völlig andere Welten als deine Kita-Welt und deine private Welt. Aber die Erwachsenen behandeln Kinder oft so, als seien diese Teil ihrer Erwachsenenwelt, wodurch Kinder mit Themen und Bildern und Informationen konfrontiert werden, die ihrer Lebenswirklichkeit überhaupt nicht zuträglich sind.

Ich nenne mal ein paar solcher Themen, in die Kinder im Elementarbereich nicht hineingezogen werden sollten, es aber trotzdem werden:

- *Sexismus, Pornografie, entsprechende Werbung, Videos, Magazine etc.,*
- *Terrorismus, Kriege, Verfolgung, Antisemitismus – vor allem in den Medien,*
- *Streit, Trennung, Scheidung, Sorgerechts-auseinandersetzungen,*
- *Nachrichten, Videos, Magazine, TV-Sendungen, Filme, die für Erwachsene bestimmt sind,*
- *Themen älterer Geschwister oder Verwandter oder innerhalb von Familie und Freundeskreis, die vor oder mit Kindern besprochen oder konsumiert werden, für Kinder aber gar nicht einzusortieren sind – wie Geldsorgen, Apps und Dating-Portale, Lebenskrisen, Essstörungen, psychische Erkrankungen, Konflikte am Arbeitsplatz etc.,*
- *aggressives Verhalten von Erwachsenen, beispielsweise im Straßenverkehr oder durch Schimpfwörter und Beleidigungen anderer Personen,*
- *Krankheiten, Tod und Trauer (wenn nicht richtig aufgearbeitet).*

Diese Liste ließe sich noch verlängern, aber du merkst schon, es gibt wirklich viel zu viel, das Kinderohren nicht hören und Kinderaugen nicht sehen sollten, wenn sie noch so klein sind, dass ihr Herz und ihr Verstand es noch gar nicht verarbeiten können. Du selbst kannst als Erzieher*in von Berufs wegen gegensteuern!

Achte auf deine Worte, achte auf dein Verhalten und achte auf die Reaktionen der Kinder!

Achte auf dein Bauchgefühl, wo sich ein Kind in einer Konversation zwischen Erwachsenen unwohl zu fühlen scheint. Kinder treten dann häufig von einem Bein aufs andere, wenn sie hören, wie ihre Mutter oder ihr Vater mit ihrem*ihrer Erzieher*in über es sprechen, ganz so, als sei es Luft. „Lena hat heute schön gemalt“ oder „Luca hat sich wieder dolle mit Lars gestritten“, teilt Erzieherin Conny Lenas oder Lucas Mutter beim Abholen mit und führt die jeweilige Situation auch noch einige Sätze lang aus. Und Lena oder Luca …? Was machen die derweil? Sie treten, wie gesagt, peinlich berührt von einem Bein aufs andere. Oder sie verdrehen genervt ihre Augen. Oder sie ziehen an der Mutter oder dem Vater. Häufig untermalen sie ihr Unwohlsein mit einigen deutlichen Worten wie: „Jetzt komm endlich!" oder „Mamaaaa, wann gehen wir endlich?". Letztlich bestimmen die Erwachsenen das Ende ihres Gesprächs und das Kind macht wieder die Erfahrung, dass seine Bedürfnisse und sein Auffassungsvermögen hinter dem der Erwachsenen stehen und es Situationen aushalten muss, die es eigentlich nicht aushalten kann.

Auch hier kannst du deine Augen und Ohren offen halten für die Kinder. Du kannst dafür sorgen, dass sie in solche Situationen erst gar nicht geraten. Du kannst im Vorfeld mit den Kindern sprechen und sie fragen: „Lena, magst du deinem Papa nachher beim Abholen von dem tollen Bild erzählen, das du gemalt hast? Sollen wir es schon mal aus deinem Fach holen und ich gebe es dir dann, wenn der Papa da ist?" oder „Luca, dein Streit heute mit Lars ... Magst du deiner Mama nachher davon erzählen oder ist es dir lieber, wenn ich ihr das kurz im Büro ohne dich erzähle?"

In beiden Situationen bietest du den Kindern eine aktive Gesprächsrolle an, sie sind dann in der Abholsituation nicht überrascht, gleichzeitig vermittelst du ihnen ein Gefühl der Wichtigkeit. Ihre Meinung, ihr Denken und ihre Beteiligung an dem, was sie betrifft, interessiert dich. Sollte Luca beispielsweise sehr ängstlich reagieren und am liebsten gar nichts von seinem Streit mit Lars erwähnt wissen – dann überlege dir wirklich gewissenhaft, ob das denn überhaupt notwendig ist oder du diese Information auch weglassen könntest.

Beileibe nicht alle Informationen, die an Eltern rausgehen, müssen das auch, im Gegenteil, bei vielem wäre es für das Kind besser, wenn Ereignisse aus der Kita in der Kita blieben und Ereignisse aus dem Elternhaus im Elternhaus verblieben. So etwas wie eine Privat- oder Intimsphäre scheint für Kinder in unserer Erwachsenenwelt leider nicht vorgesehen zu sein.

Das wäre aber doch ein spannendes Ziel für dich als Pädagogin oder Pädagoge, oder? Kindern zu einem Bereich zu verhelfen, der nur ihnen gehört. Warum sollten Kinder nicht auch ihre kleinen Geheimnisse haben, die sie nur denjenigen offenbaren, denen sie sie gerne und freiwillig offenlegen?

» Kinder, Spiel und Gehirnforschung

Alte und neue Forschungsergebnisse belegen die große Bedeutung des (freien) Spiels für die kindliche Entwicklung. Dennoch scheint es den Erwachsenen früher wie heute ziemlich egal zu sein, dass Kinder die wenigste Zeit in ihrer Kita wirklich frei spielen können. Das Freispiel ist nämlich so getaktet wie alles andere in ihrem Leben – also durch Erwachsene limitiert und integriert in einen Alltag, in dem Kinder in erster Linie funktionieren müssen. Und da gilt es, die Grundbedürfnisse nach Nahrung und Trinken, nach Ruhe und Bewegung sowie nach Lernen und Bindung durchzuorganisieren. Feste Zeiten für feste Tätigkeiten bilden den (engen) Rahmen und irgendwo dazwischen darf das Kind frei spielen, solange es sich an die Spielregeln hält und das Spiel, das es gerne spielen mag, nicht belegt ist oder aus dem Rahmen fällt. Ganz schön eng, das freie Spiel. Zumal es wichtig ist, dass Kinder unter sich spielen (sollen), Erwachsene also als potenzielle Spielpartner*innen rausfallen. Meistens jedenfalls. Erwachsene beaufsichtigen und regulieren das freie Spiel der Kinder. Kaum ein Kind, das sich außerhalb dieser Aufsicht frei betätigt – zu groß sind die Ängste, es „könne etwas passieren" und die Erzieher*innen könnten Ärger bekommen, weil die Aufsichtspflicht nicht abgedeckt wurde.

Sorge du dafür, dass sich das ändert. Setze dich ein für Kinderräume oder wenigstens für Kinderecken, in denen sie ungestört sind von Erwachsenen. Orte des Rückzugs, des „Unter-sich-sein-Könnens". Setze dich gegen die ganzen Regelwerke ein, wie viele Kinder in der Bauecke spielen dürfen oder in der Verkleidungsecke. Das ist tägliche Verhandlungssache, wie viele Kinder wo und wann spielen können. Die Verhandlung ist Teil des freien Spiels für die Kinder. Weil sie etwas wollen, lernen sie, sich dafür stark zu machen, sie argumentieren, warum das Spiel zu viert funktionieren wird. Wenn es dann nicht klappt, aber tut es das, weil es eben nicht geklappt hat und nicht, weil sie es gar nicht aushandeln und versuchen konnten.

Eine kleine Kammer kann zu einem Rollenspielraum werden. Die Kinder können die Tür hinter sich schließen und ungestört sein. Du versprichst ihnen, erst anzuklopfen, wenn du nach ihnen sehen möchtest – oder du vereinbarst ein anderes Zeichen mit ihnen. Ihr könnt einen Wecker in den Kinderraum stellen, der zu einer bestimmten Zeit klingelt. Wenn er klingelt, melden sich die Kinder kurz bei dir und sagen, ob alles okay ist und ob sie weiter zusammenspielen möchten. Das sind sehr kleine Dinge. Aber sie sind für Kinder enorm wichtig. Sie fühlen dein Vertrauen.

Wichtiger noch, sie spüren deinen Respekt vor ihrer Privatsphäre! Du setzt dich für sie ein, wenn du Kinderräume für sie schaffst und Kinderfreiräume, über die sie mitbestimmen, über die sie verhandeln können. Du fragst sie, genau wie du Erwachsene auch fragen würdest.

Du nimmst sie ernst. Und das ist gerade im Hinblick auf Spiel und Spielmöglichkeiten großartig, denn sie sind die Welt der Kinder. Das Spiel ist die Welt der Kinder. Hier können ihre Herzen und Gehirne schöpferisch sein auf eine Weise, die im kindlichen Tempo und Miteinander geschieht.

Vielleicht möchten sie dich mal dabeihaben bei einem ihrer Rollenspiele, dann fühle dich geehrt und nimm dankend an – aber beobachte und spiele nach ihren Regeln mit, übernimm nicht die Führung, sondern füge dich in die Rolle, die sie sich für dich ausdenken. Sie laden dich ein in ihre Spielwelt und dabei kannst du viel Neues von ihnen lernen. Natürlich brauchst du dann Erwachsene an deiner beruflichen Seite, um in das Spiel mit den Kindern eintauchen zu können – aber selbst wenn du mal alleine in der Gruppe sein solltest und ins kindliche Spiel in der Puppenecke oder auf dem Bauteppich integriert worden bist, kann es gut sein, dass die übrigen Kinder darauf Rücksicht nehmen und sich bemühen, dich nicht durch Fragen oder Streitigkeiten aus deinem Mitspielen herauszureißen. Probiere es mal aus!

» Das Spiel mit Kindern ist deine Stärke – spiele sie aus

Wenn du nach oder während der Lektüre dieses Buches mal verstärkt darauf achtest, wer von euch aus dem Team „richtig" mit den Kindern spielt, wirst du ehrlich staunen. Mit „richtig" spielen meine ich, ins Spiel versunken spielen, also nicht so zu tun, als ob man mit einem Kind spielt und dabei dauernd den Blick vom Spiel abwendet oder auf die Uhr sieht. Das kann nur passieren, wenn dafür im Team Absprachen getroffen und Freiräume geschaffen werden.

„Richtig" mit einem Kind spielen meint, dem Kind und dem gemeinsamen Spiel seine volle Aufmerksamkeit schenken. Kinder reagieren freudig erstaunt, wenn du mit ihnen spielst. Bringe ruhig deine Persönlichkeit in das gemeinsame Spiel ein, zeige beim Brettspiel deine ehrgeizige Seite, erzähle dem Kind davon, dass du gerne gewinnen willst. Oder vom Gegenteil, falls du kein ehrgeiziger Typ bist. Greife die Spielideen der Kinder auf, lerne ihre Muster kennen, ein Spiel zu organisieren. Beobachte die Kinder beim Denken und Handeln, beim Pausieren und beim Mitmachen, beim Ausstieg aus dem Spiel oder wann sich Konflikte bilden.

Du als erwachsene Person darfst dein eigenes Kindsein hervorkramen, dich erinnern an die eigenen Spiele deiner Kindheit. Bringe neue kleine Spielideen ein, spiele drinnen mit Kindern und draußen. Kinder lieben es auch, wenn du mit ihnen Blödsinn machst und lustige Spiele spielst. Vielleicht magst du auch mal einen Spielevormittag veranstalten wie bei einem Kindergeburtstag. Vom Topfschlagen und Schokokusswettessen (es spricht auch nichts gegen ein Gurkensterntaler-Wettessen mit Gurkensternen, die ihr aus Salatgurken und einem Plätzchenausstecher hergestellt habt) über einen Luftballonpaartanz und „Ich packe meinen Koffer" bis hin zu Kreisspielen im Gruppenraum und draußen im Garten, dann ein Wettrennen vor einem abschließenden Picknick auf der Wiese, bei dem alle hungrigen Kinder aus ihren Kindergartentaschen und Rucksäcken ihr mitgebrachtes Essen verspeisen. Kinder würden liebend gerne mehr und vor allem „richtiger" mit uns Erwachsenen spielen, als wir glauben.

» Rollenspiele mit Kindern – es lohnt sich

Für junge Kinder sind Rollenspiele der Schlüssel zur Psychohygiene. Irgendwo müssen sie mit den ganzen Eindrücken und Impulsen hin, die sie täglich sammeln und verarbeiten. Manches müssen sie auch verinnerlichen oder abgleichen mit ihren inneren Bildern. Im Nachspielen erlebter Situationen erlernen sie Perspektivwechsel und erfahren sie Selbstwirksamkeit. Ich spiele, also bin ich. Im „So-tun-als-ob-Spiel" darf die Realität nachgespielt und auch mal über Bord geworfen werden. Fantasie und magisches Denken finden ebenso ihren Platz im Rollenspiel wie Machtgehabe und Rechthaberei. Rollen funktionieren nur, wenn man sich an Regeln hält, irgendeine*r übernimmt eine führende Rolle, andere übernehmen mehr oder weniger bereitwillig untergeordnete Rollen. Alles ist Verhandlungssache. Und nie läuft ein Rollenspiel genau wie das davor oder danach.

Ein kindliches Rollenspiel kann Kinder sehr fordern, sie sind danach erschöpft oder aufgeregt, haben rote Wangen und glühen regelrecht nach, als hätten sie Sport betrieben – weil sie so engagiert bei der Sache waren. Meist vergessen sie Hunger oder Durst und suchen nur unwillig die Toilette auf, wenn sie müssen, denn ihre Spielwelt dominiert ihr ganzes Sein für die Dauer des Rollenspiels. Famos!

Klinkst du dich in ein Rollenspiel ein, testen dich Kinder zunächst einmal auf deine Aufrichtigkeit, sie reagieren unsicher, ob du es wirklich ernst damit meinst, mitzuspielen oder ob du sie bei ihrem Spiel kontrollieren willst. Darum greife nicht von dir aus in ihr Spiel ein, sondern warte ab. Das ist etwas, das uns Erwachsenen schwerfällt, abwarten und schauen, was geschieht, wenn man einfach mal nichts macht. Aber das ist für deine Teilnahme an einem kindlichen Rollenspiel zentral. Überlasse den Kindern die Führung und Organisation ihres Spiels, irgendwann erhältst auch du deine Rolle, dann darfst du nachfragen oder um Anweisungen bitten. Eigene Impulse kannst du nach und nach einbringen, aber wirklich nur, wenn es dir unbedingt nötig erscheint. Ansonsten gilt für dich, das Spiel laufen und Entwicklung im Spiel zuzulassen – du machst dich sonst als Teilnehmer*in „verdächtig". Kinder spüren instinktiv, ob sie dich ins Spiel einbeziehen können (weil du Teil ihrer Gruppe wirst) oder nicht (weil du außerhalb ihrer Gruppe bleibst).

» Wie sich die Hinwendung zum Kind auszahlt

Du wirst bereits früh erkennen und spüren, dass sich in der Beziehung zwischen dir und den Kindern etwas positiv verändert, wenn du zu einem*einer Spielpartner*in für sie wirst. Natürlich kannst du das nicht dauernd, natürlich bist du nicht auch zum Kind geworden, natürlich bestehen Grenzen und auch mal Unmöglichkeiten, neben all den anderen Aufgaben, die es für dich zu erledigen gilt. Die Verantwortung liegt bei dir. Kinder akzeptieren diese Grenzen mit der Zeit. Aber sie akzeptieren mit der Zeit eben auch, dass du immer mal wieder ein*e tolle*r Mitspieler*in bist, sobald du die Zeit und Muße dafür hast. Du kannst noch so viele Morgenkreise oder Gruppenbastelaktionen und Feste starten – nichts bleibt bei Kindern so sehr haften wie deine Hinwendung zu ihnen. Deine Kontakte auf Augenhöhe, deine Anteilnahme an ihrem Gefühlsleben, deine Berührungen, dein Zuhören und dein Interesse an ihnen und an ihrer Gedankenwelt. Sich dem Kind zuzuwenden, bedeutet eben so manches Mal auch, sich von anderen Menschen oder Dingen abzuwenden, du kannst nicht beides gleichzeitig.

Entscheide dich bewusst öfter für die Hinwendung zum Kind, unterstreiche das, indem du ihm in seine Augen schaust, seine Hände in deinen Händen hältst, deine Hände sanft auf seine Schultern legst oder seine Gestik und Mimik spiegelst. Damit entsteht Nähe und nur aus dieser Nähe heraus entsteht ein Vertrauen zwischen dem Kind und dir, das einzigartig und für euch bestimmt ist. Ein vertrauensvolles Verhältnis erleichtert dem Kind ebenso seinen Kita-Alltag wie dir. Musst du einmal Ermahnungen aussprechen, wird ein Kind mit einem stabilen Vertrauensverhältnis zu dir diese Ermahnung leichter annehmen und sich daran halten als ein Kind, das dir nicht vertraut – oder dem du nicht (ver)traust.

» Interaktionen mit Kindern gestalten

Ich erinnere mich an eine Kollegin, die aufgrund eigener schlechter Kindheitserfahrungen mit zerrütteten Familienverhältnissen, Heimaufenthalten, Missbrauchs- und Gewalterlebnissen und so weiter zu ihrem Berufswunsch Erzieherin gelangte. Sie wollte es bei Kindern und künftigen Generationen gerne besser machen, als es ihr selbst widerfahren war. Und sie hat das außergewöhnlich gut hinbekommen. Ich lernte sie erst kurz vor ihrem 60. Geburtstag kennen, aber wir arbeiteten noch einige Jahre miteinander. Alters- und gesundheitsbedingt fiel die Kollegin ziemlich oft aus, aber sie war eine begnadete Pädagogin.

Bei ihr kamen stets die Kinder an erster Stelle – sobald sie die Kita betrat, waren sie ihr das Allerwichtigste. Sie unterbrach jedes Gespräch, das sie gerade mit Kolleg*innen oder Eltern führte und das nicht mit Termin und in einem offiziellen Rahmen stattfand, sobald ein Kind an ihrer Kleidung zog oder ihren Namen rief, und wandte sich völlig selbstverständlich dem Kind zu. Auch wenn sie aufgrund körperlicher Einschränkungen nicht sofort in die Hocke gehen und Augenhöhe mit dem Kind herstellen konnte – sie befand sich aus ihrem Herzen heraus auf Augenhöhe und das spürten die Kinder mit ihren Herzen und entspannten sich in ihrer Nähe. Sie mochte Kinder, daran besteht keinerlei Zweifel. Sie musste nicht schreien oder laut werden, um für Ruhe im Gruppenraum zu sorgen, sie wirkte nie angespannt oder gestresst, auch mit den „schwierigen" Kindern kam sie gut zurecht, jedenfalls besser als der Rest des Teams. Wie stellte sie das bloß an? Ich glaube, sie ruhte in sich, sie hatte ihre eigenen Traumata aufgebrochen und war dankbar, immer noch Liebe und Freude empfinden zu können. Ihre Familie, die sie gegründet hatte, gab ihr Kraft und Energie und die konnte sie an die Kinder in der Kita weitergeben. Ja, sie hatte viel positive Energie zu verschenken – und die Kinder spürten das und nahmen sie dankbar an.

Betrachtet man also Interaktionen mit Kindern, ist es nie verkehrt, nach Vorbildern Ausschau zu halten. Wie geht Kollege Martin mit den Kindern um? Wie macht es Kollegin Sabine und wie Leiterin Ulli? Von wem kannst du lernen, von wem hast du bereits gelernt? In deiner Ausbildung oder in Praktika? Waren es vielleicht deine Großeltern, die dich geprägt haben? Von wem fühltest du dich als Kind gut behandelt und von wem nicht? All deine Erfahrungen haben dich nachhaltig geprägt und in dieser wichtigen Prägungsphase befinden sich auch Krippen- und Kitakinder, mit denen du zu tun hast. Du und dein Verhalten hinterlassen Spuren – und es liegt wesentlich mit an dir, ob die Kinder sie später einmal als schöne Spuren und wertvolle Momente abspeichern oder als unschöne Spuren und wertlose Momente am liebsten vergessen würden. Eine große Verantwortung, oder?

» Baue Sandburgen

Die Kinder spielen draußen – und du hast viele Möglichkeiten, wie du dich verhältst. Gehst du zu den Kolleg*innen, die vorne am Tor stehen, oder zu jenen, die hinten auf der Bank sitzen? Greifst du unterstützend ein bei den Kindern, die in Streit geraten sind? Schubst du das kleine Mädchen auf der Schaukel an, das ohne Erfolg versucht, in Schwung zu kommen? Holst du den Kindern die Fahrzeuge aus dem Schuppen oder lieber nicht, weil dann wieder alle auf einmal auf dich einstürmen: „Ich will auch eins, ich will auch eins …"?

Zahlreiche Möglichkeiten ergeben sich im Alltag – für deine Kolleg*innen und für dich. Wie wäre es, du entschiedest dich mal wieder, mit einem oder mehreren Kindern eine im Sandkasten eine Sandburg zu bauen? So eine hohe Burg, für die man zig Eimer und

Schaufeln Sand benötigt, so eine, die man zwischendrin immer wieder mit den Händen oder der Schaufel glatt streichen und drücken muss, damit sie an Stabilität gewinnt und nicht gleich wieder einstürzt, bevor das großartige Ereignis des Durchgrabens stattfindet?

Das kennst du doch (noch)? Den Durchbruch bei einer Sandburg? Wenn die Burg allmählich einem großen Berg oder Hügel gleicht und mittels feuchten Sands und allgemeinen Festigens durch Drücken und Schlagen stabil vor euch steht, dann kommt irgendwann der Zeitpunkt, einen Tunnel zu graben. Du von der einen Seite, die Kinder von der anderen Seite. Ziel des Tunnelbaus ist es, einen unterirdischen Weg von einer zur anderen Seite zu schaufeln und zu graben, natürlich geht das mit den Händen am besten. Du musst behutsam vorgehen, das gilt für die Kinder genauso – sonst stürzt euer Gebilde in sich zusammen und ihr müsst von vorne beginnen. Ist auch nicht schlimm, aber halt mühsam und auch einigermaßen frustrierend, wenn es dauernd passiert. Also, gib gut acht beim Tunnelgraben, sei geduldig und aufmerksam, nimm und lass dir Zeit und halte die Kinder an, es dir gleichzutun. Grabe leicht schräg nach unten und dann ein Stück geradeaus, dazwischen immer wieder ein wenig schräg nach unten, um die Festigkeit des Burgüberbaus nicht zu gefährden.

Denke bloß nicht an die Sauberkeit deiner Fingernägel oder an den Sand, den du nach Feierabend an dir haben wirst – denke an diese überschäumende Freude der Kinder, wenn sich dann eure Hände ertasten im Tunnel. Genieße diesen großartigen Moment aus vollem Herzen!

Kinder staunen wahre Bauklötze, wenn sie diese Erfahrung zum ersten Mal in ihrem jungen Leben machen: Wir berühren uns und wir sehen uns, im Tunnel unter all dem Sand und über der Sandburg – wie unglaublich ist das denn, bitte schön? Und deswegen: Baue Sandburgen mit Kindern und grabe Tunnel mit ihnen, es sind magische Momente – für dich und für die Kinder!

» Chaos im Gruppenraum – backe weltmeisterlich mit Kindern

Kannst du gut backen? Ich meine, bist du gut organisiert, wenn du backst? Oder geht es dir wie mir, sprich, die Küche sieht chaotisch aus, wenn du backst, und ohne Rezept geht gar nichts? Weißt du was? Es ist egal, wie man selbst zum Backen steht oder wie gut oder schlecht man backen kann. Man sollte es einfach mit Kindern in der Kita tun!

Eigentlich macht es Kindern sogar ein klein wenig mehr Spaß, wenn man selbst nicht allzu perfekt darin ist, wenn Sachen passieren, die sie zum Lachen und Staunen bringen. Ich habe mal im Gruppenraum Waffeln gebacken, die ganze Aktion auch vorbereitet, mit den Kindern eingekauft, alles vorbesprochen, den Gruppenraum mit den Kindern mit Brettchen, Backzutaten, Schürzen, Tisch vorbereitet, Waffeleisen besorgt, sogar an einen kleinen Eimer mit Wischwasser, Küchentücher und Geschirrtücher habe ich gedacht. Konnte ja eigentlich nichts schiefgehen, dachte ich. Pustekuchen! Nicht, wenn ich mit Kindern backe!

Ich musste nur einmal den Blick vom Backtisch abwenden, weil es aus dem Waffeleisen verbrannt roch. Ich wandte also den hochmotivierten Kindern meinen Rücken zu (Fehler Nummer 1) und da muss es passiert sein.

Sven schüttete sich die Schüssel mit dem fein gesiebten Mehl über den Kopf. Was ich nicht mitbekam, weil meine komplette Aufmerksamkeit dem dampfenden Waffeleisen galt (Fehler Nummer 2). Sven stellt die nun leere Schüssel an ihren Platz zurück, am Tisch wurde es sehr still und die restlichen vier Kinder starrten Sven entgeistert an. Ich deutete die Stille als positiv (Fehler Nummer 3) und bedankte mich artig für die Geduld der Kinder: „So, Kinder, gleich habe ich's und dann kann es weitergehen." Leider pappte die Testwaffel fest im Waffeleisen, also kratzte und schabte ich dort eine Weile vor mich hin und überlegte fieberhaft, ob wir den Teig vielleicht etwas flüssiger machen sollten. „Julchen", sagte ich, ohne mich umzudrehen (Fehler Nummer 4) zu den Kindern, „gehst du bitte mal in die Küche und bittest Frau Sander, dir noch mehr Milch mitzugeben?" „Ja, Frau Heilmann", ertönte es aus Julchens Richtung. Julchen schlich sich an mir vorbei und öffnete die Tür des Gruppenraums, um die kurze Strecke zwischen Flur und Küche zurückzulegen.

In diesem Moment streckte Frau Hammer, eine Kita-Mutter, ihren Kopf zur Tür herein und wollte etwas fragen. Ich blickte auf und antwortete: „Frau Hammer, ich rede später mit Ihnen, ja? Wir sind in 15 Minuten hier fertig ...", kurz hob ich meinen Blick in Frau Hammers Richtung und zuckte entschuldigend mit den Schultern. Ich glaubte, so etwas wie Überraschung oder Entsetzen (?) in ihren Augen erkennen zu können, wandte mich aber wieder meiner angebrannten Testwaffel zu (Fehler Nummer 5). Julchen kehrte mit einem Beutel Milch aus der Küche zurück, Frau Hammers Kopf war aus der Tür

verschwunden und ich hatte endlich die Waffelreste aus dem Waffeleisen gelöst. Erleichtert schloss ich hinter Julchen die Gruppentür und drehte mich mit dem erziehertypischen „So!" in Richtung Kinder und Backtisch.

Sven, ganz in weiß, blickte mich unter mehlbestäubten Wimpern aus seinen weit aufgerissenen, blauen Augen an. Den übrigen Kindern war aus Langeweile die Idee gekommen, die übrigen Backzutaten Margarine, Eier, Zucker, Milch und Mehl auf Herz und Nieren zu testen. In Maries Haaren klebten mindestens 200 g Margarine, dabei hielt sie triumphierend ein Kindermesser in die Höhe – damit war es ihr wohl gelungen, die Margarine aus der Verpackung zu pfriemeln.

Marco strahlte mich aus einem Gesicht voller Eigelb und Mehlstaub an und leckte gerade genüsslich seine Fingerchen ab. Leon hatte 1 kg Zucker über sich und den Tisch verteilt und schaufelte sich mit einem Kinderlöffel reinen Zucker in den Mund, unterstützt wurde er vom fünften und letzten Kind der munteren Truppe, von Julchen. Die Milchtüte war noch verschlossen. Immerhin! Schlagartig wurde mir klar, welchen Gesichtsausdruck ich bei Frau Hammer wahrgenommen hatte, denn wahrscheinlich ging es da in dem Moment drunter und drüber am Backtisch. O je, wie peinlich war das denn jetzt?

„Himmel, wie seht ihr denn aus?", entfuhr es mir entsetzt. Fünf Kinderaugenpaare schauten mich an und ich schaute zurück. „Der Sven hat angefangen ...", setzte Julchen als Erste an. „Gar nicht ...", fiel ihr Sven ins Wort. Ich hob meine sogenannte „Pausenhand", also ein Arm senkrecht in die Höhe, was im Normalfall bedeutete, ruhig zu sein und mir zuzuhören. Immerhin, das funktionierte, die Kinder blickten mich stumm wie die Fische und erwartungsschwanger an.

Ja, aber was sollte ich denn sagen?

Es sah aus, als hätte ein Flugzeug die Backsachen über uns abgeworfen, ehrlich! Wenn hier eine Lehrkraft bei einer Fachkraft in Ausbildung anwesend gewesen wäre, dann würde die nur noch sagen: „Leider durchgefallen, Frau Heilmann!"

Ich tat das einzig Richtige ... ich lachte! Aus vollem Herzen! Über mich! Mit den verdreckten Kindern!

„Da ist irgendwas schiefgelaufen, ihr Lieben, da müssen wir sehen, was zu retten ist und ob wir das noch hinkriegen mit den Waffeln heute", erklärte ich schließlich.

In diesem Falle wurde es nichts mehr mit den Waffeln, wir hatten genug mit dem Aufräumen und Reinigen des Raums und der Kinder zu tun – danach sah auch ich aus wie ein Backunfall, mit Mehl und Fett und Eierresten überall.

Aber weißt du was? Wir haben noch lange von unserem Backunfall erzählt und gemeinsam darüber gelacht. Die Eltern reagierten auch amüsiert und beim nächsten Waffelbacken stellte man mir bereitwillig eine Kollegin zur Seite – so hatte immer eine von uns die Kinder im Blick, während die andere mit einem Kind am Waffeleisen tätig war.

Du siehst also, es muss gar nicht schlimm sein, nicht alles zu können oder nicht alles gut zu können. Aber deswegen aufs Backen, Singen, Tanzen, Vorlesen, Klettern, Spielen oder Basteln mit den Kindern zu verzichten – das wäre blöd.

» Tipps für Ausflüge mit Kindern

Sich im Alltag kleine Highlights zu genehmigen, ist eine wunderbare Möglichkeit, der erlebten Zeit mehr Intensität zu verleihen. Klitzekleine Ausflüge, die keiner langen und breiten Vorbereitungen bedürfen, sind da eine prima Sache.

Das Wetter ist mies, es regnet seit Tagen, Kinder und Team sind gedrückter Stimmung. Da kommt dir eine tolle Idee: ein Überraschungs-Gute-Laune-Pudding für alle muss her! Du fragst dich, was das mit einem Ausflug zu tun haben soll?

Nun, es hat mit einem Mini-Ausflug zu tun, weil du nämlich lediglich mit einem oder mit zwei Kindern zum Supermarkt in der Nähe deiner Kita spazierst, eingemummelt in Regenjacke, Gummistiefel und bewaffnet mit Regenschirmen. Die paar Euro, die du für Puddingpulver und Milch und Schokostreusel oder Ähnliches benötigst, treibst du ganz sicher über die Gruppenkasse oder das Essensgeld auf. Nimm dir Zeit, um mit den Kindern während des kleinen Ausflugs ins Gespräch zu kommen, erkläre ihnen das Vorhaben, mit dem Pudding gute Laune in die Kita zu tragen, und konzentriere dich darauf, was diese spontane Aktion bewirkt. Sicher sind die Einkaufskinder mit Freude (und Überraschung) bei der Sache, vielleicht erzählt ihr sogar der Kassiererin im Supermarkt oder den Eltern von eurem Vorhaben und eure Idee steckt andere Menschen an, sich bei dem Schietwetter ebenfalls etwas Aufheiterung zu gönnen.

Zurück in der Kita bereitet ihr dann eine große Menge Pudding zu und bietet im Flur oder Turnraum eure Gute-Laune-Puddings an. Kinder und Kolleg*innen erhalten aus großen Schüsseln von den Einkaufskindern und dir kleine Portionen in Schälchen gefüllt – auf Wunsch mit Deko garniert (das könnte auch Sahne sein oder etwas Obst). Ausnahmsweise darf im Stehen gelöffelt und genossen werden. Es entsteht eine warme und lebendige Atmosphäre, man unterhält sich, lacht, wischt Kleckereien weg, verlangt

Nachschub, Schokoschnurrbärte in strahlenden Gesichtern, Krippenkinder treffen auf Kitakinder, Kolleg*innen, die sich sonst nicht sehen, begegnen sich. Die Kita kommt zusammen. So oder ähnlich können ganz kleine Ausflüge den Alltag bereichern. Hast du weitere Ideen?

» Raum ist in der kleinsten Hütte – baue und konstruiere mit Kindern die Wirklichkeit nach

Kinder sind fasziniert davon, sich mit Decken und Tüchern oder anderen Materialien ein eigenes „Dach über ihrem Kopf" zu konstruieren. Dazu brauchen sie dich als erwachsene*n Begleiter*in, der*die ihnen neben den Materialien auch die Freiräume gibt, sich auf einem wackligen Terrain auszuprobieren.

Kinder bauen gerne, aus sich heraus bauen sie die Wirklichkeit nach und eignen sich darüber eine Vorstellung ihrer Lebenswelt an. In dem ganzen Wust aus Stadt, Häusern und Gebäuden, Straßen und Einflüssen brauchen sie die Möglichkeit, sich in eigene Spielwelten zurückziehen zu können. Das Bauen von Höhlen oder Hütten bietet Kindern zahlreiche Möglichkeiten, sich sicher und geborgen, kompetent, handlungsfähig und gestalterisch wahrzunehmen – als kleine Konstrukteure und Konstrukteurinnen ihrer Welt.

Was da so alles passiert, wenn Kinder „Baupläne" schmieden, zeigt dir das folgende Praxisbeispiel:

Luis und seine Freundin Nargess sind vier Jahre alt. Seit einigen Tagen sind sie „beste Freunde" und verbringen viel Zeit miteinander. Sie sind gerne in der Puppenecke, spielen Situationen aus ihrem jeweiligen Alltag nach und konstruieren sich ein gemeinsames Zuhause. „Da wäre das Wohnzimmer …", „… hier wäre das Kinderzimmer …" oder „… und dann wäre ich zur Arbeit gefahren" – die beiden Freunde spielen Alltagssituationen nach, die sie durch das Umgestalten des Mobiliars für sich greifbar machen.

Da wird das Puppenbett umgestellt ins neue Kinderzimmer, da wird eine Decke über den Küchentisch gehängt und so das neue Schlafzimmer kurzerhand in die entstandene Höhle verlegt. Hochkonzentriert arbeiten die Kinder an den Umbauten. Die Decke auf dem Tisch rutscht immer wieder herunter, wenn die Kinder sich darunter befinden und unabsichtlich an die neuen „Wände" ihres Schlafzimmers stoßen. Und dabei möchten sie doch gerne im Dunkeln schlafen, wie ihre Eltern daheim auch. Wie gelingt es, dass die Decke besser auf dem Tisch hält?

Während Luis noch unter dem Tisch grübelt, hat Nargess schon einen Plan. Sie platziert die Decke erneut über dem Tisch, streicht so lang darüber, bis sie mittig liegt und alle Tischseiten unten abgedunkelt sind, um dann das Puppenbett unter Aufbietung all ihrer Kräfte auf den Tisch zu hieven. Uff, geschafft! Nargess stemmt die Hände in ihre Hüften und betrachtet ihr Werk. Dann krabbelt sie zu Luis ins Schlafzimmer, das Spiel kann weitergehen. Als die beiden ihr Kind ins Bett bringen wollen, registrieren sie, dass im Kinderzimmer nun das Bettchen fehlt.

Oh, das geht nicht – also Puppenbett gemeinsam wieder ins Kinderzimmer schleppen, Kind ins Bett bringen und beratschlagen, was sich stattdessen als Beschwerung für die Decke eignen könnte. Schwer müsste es sein, damit es genug Halt gibt. Und es sollte nicht aus der Puppenecke stammen, da es dann an seinem Platz im neuen „Zuhause" fehlt. Sie machen sich auf die Suche im Gruppenraum. Fündig werden sie in der Bauecke, dort wo die schweren Holzkisten mit den Bausteinen stehen.

Die beiden Kinder haben in dieser Spielsituation vielfältige Entwicklungschancen für sich wahrgenommen:

- *Ihre intrinsische Motivation, gemeinsam spielen zu wollen, führte zu gemeinsamer Aktivität (Verabredung zum Spiel).*
- *Der gewählte Spielort inspirierte sie zum Rollenspiel (Spielidee wird entwickelt).*
- *Spielort und Spielidee werden in Übereinstimmung gebracht (Konstruieren einer neuen Spielwelt).*
- *Spielmaterialien werden umfunktioniert (Handlungskompetenz).*
- *Räume erhalten reale Funktionen zugewiesen (Verarbeitung wirklicher Erfahrungen).*
- *Zur Zielerreichung sind Teilschritte notwendig und müssen überprüft werden (in Zusammenhängen denken und agieren).*
- *Es muss gemeinsam nach Lösungen gesucht werden (Sozialkompetenz und strategisches Geschick).*
- *Die Kinder müssen über den Tellerrand blicken, gemeinsam ein Problem lösen und darstellen (erfolgreiches Handeln).*

Was können du und deine Kolleg*innen ganz konkret unternehmen, um Kindern Anreize zum Bauen zu bieten?

Erklärt doch den Turn- oder Mehrzweckraum temporär zum Abenteuerzimmer. Sammle mit deinen Kolleg*innen in diesem Raum Decken, Laken, Kissen, Teppiche, Papprollen, Holzstäbe, Zelte, Matratzen, Klebeband, Seile und Stricke, Klammern, Scheren, Tücher, Koffer, einen alten Briefkasten und auch großformatige Kartons. Die Turnmatten, Bänke und Sportgeräte könnt ihr ebenfalls in das Angebot einbeziehen.

Alles, was zu einer Höhlen- oder Wohnungsausstattung gehören könnte, darf verwendet werden. Betritt den Raum mit einigen Kindern und erkläre ihnen, dass in diesem Abenteuerzimmer ein Kinderdorf entstehen soll. Mit Wohnungen für jedes Kind. Lasse nun die Ideen der Kinder sprudeln, biete deine Unterstützung und Impulse an, wenn das Ganze ins Stocken geraten sollte.

Nach und nach entsteht ein Dorf der Kinder, lasse das Abenteuerzimmer eine ganze Woche lang weiterwachsen, spiele mit den Kindern Geschichten, die sich im Dorf zutragen. Es entstehen Behausungen in unterschiedlichen Größen, die Kinder besprechen sich; sie gehen planvoll vor, lernen durch Üben, was gut hält und was nicht. Sie arbeiten gemeinsam, unterstützen sich, treffen Verabredungen und ergänzen die Materialien jeden Tag mit neuen Utensilien. Aus mehreren Höhlen und kleinen Hütten wächst ein Kinderdorf heran, mit Nachbar*innen und Familien, die Kinder integrieren Puppen und Kuscheltiere in ihr Spiel – diese werden zu Kindern und Haustieren umfunktioniert. Das Tun, das Machen und vor allem das freie Dürfen ermutigt die Kinder, immer tiefer in ihre Rollenspiele im Kinderdorf einzusteigen.

Führe eine Art Abenteuer-Tagebuch mit Fotos und Notizen. Daraus formulierst du am Ende der Woche einen kurzen Rückblick auf die einzelnen Bau- und Spielphasen der Kinder.

Je nach Interesse der Kinder bleibt die Gruppe die Woche über konstant oder wird mit neuen Kindern vervollständigt, falls Kinder ausfallen. Halte das Projekt also offen. Sollte kein Mehrzweckraum zur Verfügung stehen, bietet sich euer Gruppenraum als Abenteuerzimmer an. Hierzu räumst du den Raum weitestgehend frei (essen und trinken kann man während des Projekts auch mal auf dem Boden sitzend), verkürzt ggf. die Dauer des Projekts und holst dir Unterstützung durch Kolleg*innen (die beispielsweise nicht teilnehmende Kinder in ihrer Gruppe mit betreuen).

Das Abenteuer beginnt in deinem Kopf und den Köpfen der Kinder erst, wenn du dich darauf einlassen kannst!

Bauen und konstruieren lässt es sich natürlich auch prima im Freien. Großer Beliebtheit erfreuen sich Waldtage in der Kita. Wenn du die Gelegenheit hast, mit einer Gruppe von Kindern für einige Tage den nahe gelegenen Wald zu nutzen, dann tue dies gemeinsam mit Kolleg*innen oder auch Eltern und baut euch mit den Kindern ein Haus im Freien.

Was ihr dafür benötigt?

Stöcke, Steine, Moos, Gräser, Rinde, Blätter, Äste und Zweige, Bäume, Wiesen, Sträucher und Gebüsch finden sich von ganz allein. Es empfiehlt sich die Mitnahme von Gartendraht und Pflanzkordel, auch Hammer und einige Nägel können gut gebraucht werden.

Am besten beladet ihr einen oder zwei Bollerwagen mit alten Decken und den Materialien, nehmt Getränke und Becher mit und zieht mit den teilnehmenden Kindern los.

Die Gruppe sollte bei zwei erwachsenen Begleitpersonen sechs Kinder nicht übersteigen, denn alle Kinder werden mit dem Hausbau ausreichend beschäftigt sein.
Und du behältst den Überblick!

Weicht vom Hauptweg ab ins Waldesinnere, denn euer Haus soll ja nicht gleich von jedem*jeder Spaziergänger*in entdeckt werden. Alles, was auf dem Weg zur „Baustelle" bedeutsam erscheint, kann eingepackt und mitgenommen werden. Haltet die schönsten Momente mit einer Kamera fest. In diesem Falle bietet es sich an, einen kurzen Film zu drehen, um die Dynamik und Energie aufzuzeigen, die beim Hausbau entsteht.

Nicht immer muss es gleich ein Haus samt Ausflug im Wald sein.

Im Garten der Kita findet sich sicher ein Platz zwischen Sträuchern, Bäumen, Bänken, Zäunen und Spielgeräten, um im Handumdrehen ein Zelt aufzuschlagen. Einfach große Planen, Betttücher oder Stoffe mit Wäscheklammern und Wäscheleinen befestigen und spannen – und schon haben Kinder einen Rückzugsort, der gleichzeitig auch noch vor der Sonne schützt.

» Lies Kindern vor

Es gibt unheimlich viele Bilderbücher für Kinder und jedes Jahr erscheinen neue. Wenn du Messen besuchst, in einschlägigen Katalogen und Fachzeitschriften blätterst oder vielleicht auch einfach nur den Bilderbuchbestand deiner Kita durchforstest, entdeckst du mit Sicherheit Bücher, die dein Gefallen finden. Denn am besten eignen sich für dich zum Vorlesen (Bilder)Bücher, die du selbst sehr ansprechend und gelungen findest. Schwerer tust du dich mit Büchern, bei denen dir die Bilder oder die Texte weniger oder gar nicht gefallen. Die kannst du zwar auch vorlesen und zeigen – der Effekt bei den Kindern wird aber größer, wenn du ein Buch vorliest und zeigst, welches du mit großer Freude in deinen Händen hältst.

Deine Stimme darf ruhig etwas „theatralisch" klingen, sprich akzentuiert und langsam. Betone wichtige Passagen oder einzelne Worte. Bei wörtlicher Rede freuen sich die Kinder, wenn du den Protagonist*innen des Buches unterschiedliche Stimmen schenkst. Beziehe deine Gestik und Mimik ein beim Vorlesen, verleihe den Figuren des Buches deine Lebendigkeit und übertreibe dabei gerne ein wenig. Denn Vorlesen darf wie ein kleines Schauspiel sein – in der Übertreibung liegt die Würze des Stücks.

Wenn du dich das am Anfang nicht so sehr traust, dann such dir mit den Kindern zum Vorlesen einen geschützten Rahmen, wo keine*e andere*r Erwachsene*r dich „bewerten" kann. Übe dich darin, anhand der Reaktionen der Kinder in deine Rolle als Vorleser*in hineinzuwachsen und allmählich Sicherheit zu gewinnen. Hemmungen, falsch vorzulesen, brauchst du nicht zu haben – die Kinder geben dir Rückmeldung, wie es bei ihnen ankommt, wenn du ihnen vorliest.

Ein unkonzentriertes, halbherziges und von Störungen durchzogenes Vorlesen ist quasi zweckfrei – das kannst du dir auch schenken. Dann betrachte mit dem Kind oder den Kindern lieber nur die Bilder und lass sie diese beschreiben, das ist effektiver, als beim Erzählen immer wieder neu anzusetzen und doch wieder abzubrechen.

» Erzähle Kindern Geschichten

Fast noch intensiver und magischer ist es, wenn du Kindern (erfundene) Geschichten erzählst. Und dies am allerbesten in einer geschützten und abgedunkelten Atmosphäre, beispielsweise in einem Raum, der Stille garantiert und sich durch Vorhänge oder Rollläden verdunkeln lässt. Vielleicht verfügt eure Kita über einen Schlaf- oder Ruheraum, der eigentlich außerhalb der Schlafenszeiten nicht genutzt wird. Ein solcher Raum ist ideal zum Geschichtenerzählen.

Das Abdunkeln des Raumes führt zu einer verschärften Sinneswahrnehmung des Hörens, was wiederum die anderen Wahrnehmungsorgane entlastet und zu Entspannung führt. Die Kinder können sich ganz auf das Zuhören konzentrieren und das Zuhören lässt im Gehirn innere Bilder entstehen, sie stellen sich die Geschichte innerlich vor. So wie du als Geschichtenerzähler*in auch.

Absichtsvolles Geschichtenerzählen erfordert, dass du dir im Vorfeld Gedanken machst, was du den Kindern erzählen möchtest. Du kannst eine dir oder ihnen bekannte Geschichte oder ein Märchen frei nacherzählen. Du kannst aber auch eine neue Geschichte erfinden.

Dabei bietet sich dir die Möglichkeit, aktuelle Themen anzusprechen, die die Kinder gerade beschäftigen, oder für ein neues Thema zu sensibilisieren. Auch lustige und Quatschgeschichten können darunter sein. Du kannst auch eine Taschenlampe benutzen, um beispielsweise ein Buch von Astrid Lindgren vorzulesen, das ohne Abbildungen gestaltet ist und deren Geschichten aufeinander aufbauen. Das ist vor allem bei älteren Kindern angesagt und hat den Vorteil, dass ihr über einen längeren Zeitpunkt am Geschichtenhören und Geschichtenerzählen dranbleiben könnt. Du und die Kinder sollten es beim Geschichtenerzählen bequem haben, plane aber nicht mehr als 15 bis 30 Minuten Zeitspanne ein. So wird das Geschichtenerzählen keine zähe oder langweilige Angelegenheit für die Kinder. Am besten ist es, mit dem Erzählen aufzuhören, bevor es im Raum unruhig wird und wenn die Kinder eigentlich noch aufnahmefähig wären.

In den Kindern wirken die Geschichten nach, manchmal kommt ihnen erst nach Tagen eine Nachfrage über die Lippen, die dir zeigt, wie sehr sie sich mit dem Gehörten auseinandersetzen. Darum braucht es Zeit zur Verarbeitung zwischen den Einheiten, sodass einmal pro Woche völlig ausreichend ist.

» Der Tanz zwischendurch für stressige Zeiten in der Gruppe

Sicher kennst du als Erzieher*in die Situationen im Alltag, in denen sich die Kinder „hochgeschaukelt" haben. Sei es an einem der zahlreichen Regentage, an denen man nur begrenzt nach draußen ausweichen kann, oder sei es nach einem Morgenkreis, einer Geburtstagsfeier oder einem Angebot, bei dem die Kinder still sitzen oder sich konzentrieren mussten. Manchmal gibt es eben diese lauten Momente, an denen die Kinder aufdrehen und man weiß, dass es nichts nutzt, gegen das Tohuwabohu anzuschreien oder anderswie anzukämpfen.

Und genau hier greift der Tanz für zwischendurch! Er funktioniert ganz ohne Worte und erdet und entlastet die Kinder von jetzt auf gleich. So funktioniert das Ganze:

- *Suche dir ein Lied deiner Wahl aus. Das Lied, die Musik und/oder der Text sollten in erster Linie dir gefallen – das ist ganz wichtig.*
- *Recherchiere im Internet nach Bewegungsliedern, das ist die einfachste Möglichkeit für dich, denn hier sind Bewegungen und Abläufe vorgegeben und müssen von dir lediglich nachgeahmt werden.*
- *Falls du ein Lied auswählst, zu dem es keine bewegten Animationen gibt, ist das auch nicht dramatisch. Sicher fallen dir passende Bewegungen zu deinem Lieblingssong ein.*
- *Präge dir die Bewegungsabläufe in jedem Fall so gut ein, dass du sie auswendig und „freihändig", also aus dem Stegreif, durchführen kannst.*

Viele Lieder sind als Musikvideo im Internet eingestellt und passen inhaltlich und musikalisch hervorragend, um brenzligen und stressigen Zeiten im Gruppengeschehen geschickt den Wind aus den Segeln zu nehmen. Die Kinder dürfen ihre überschüssige Energie über Bewegung und Singen ausleben, ohne sich oder andere zu gefährden. Denn der Bewegungsradius ist gering, die meisten Bewegungen finden am Platz statt, an dem sich die Kinder gerade befinden.

Die Kinder sind bei solch einem Tanz mit sich und ihrem eigenen Körper beschäftigt. Sie werden damit zu sich selbst zurückgeholt, spüren sich und ihren Körper und gehen in die konzentrierte Aufmerksamkeit, denn sie wollen die Bewegungen richtig ausführen und in den gleichzeitig ausgeführten Bewegungen wieder eine harmonische Schwingung als Gruppe erleben.

- *Übe Text und Bewegungen am besten für dich oder mit Kolleg*innen gemeinsam, denn der Tanz für zwischendurch funktioniert gruppenübergreifend ebenso wie altersübergreifend, also von der Krippe über die Kita bis hin zu den Vorschulkindern.*
- *Zunächst übst du mit einigen Kindern oder deiner Gruppe. Versuche, deine eigene Begeisterung für das Lied deutlich, sogar ein wenig übertrieben intensiv, darzustellen. Singe laut, mache deutliche Bewegungen, lache oder lächle so oft wie möglich.*
- *Strahle die Kinder an, sobald die ersten Töne des Tanzliedes erklingen, wippe vorfreudig auf deinen Füßen mit, bevor die ersten Bewegungen dran sind.*
- *Sobald die erste Zeile gesungen wird, darfst du dich bereits im Rhythmus der ersten Töne schütteln oder strecken.*
- *Und dann geht es los: Hände auf den Kopf, tiefes Runterbeugen, Hände an die Füße und so weiter.*
- *Übe, bis alle Kinder den Tanz und das Lied verinnerlicht haben.*

Alle Kinder können mitmachen. Besondere Sprachkenntnisse, soziale Kompetenzen oder körperliche Voraussetzungen sind nicht notwendig. Die Kinder lernen durch Nachahmung, durch die positive Energie im Raum und das gemeinsame Erleben auf der einen Seite und die eigene Körpererfahrung auf der anderen Seite. Der Tanz für zwischendurch etabliert sich nach und nach in deinem Alltag mit den Kindern.

> Gemeinsame Bewegungen erzeugen gemeinsame Schwingungen.
>
> *Heike Heilmann*

Vielleicht wird er zu einem Ereignis bei der Aufführung beim Sommerfest oder er bleibt ein internes Erlebnis zwischen dir und deiner Kindergruppe. Sicher aber funktioniert er über ein gesamtes Kindergartenjahr hinweg.

Immer wenn dir danach ist oder es die Situation erforderlich macht, kannst du nun auf dieses kleine Instrument zurückgreifen, den CD-Player oder Ähnliches anstellen und dich wundern, was geschieht, wenn die ersten Takte deines Tanzliedes erklingen.

Die Kinder verharren in ihrem Toben, Streiten, Kräftemessen oder ihrer übertriebenen Lautstärke. Sie suchen nach der Quelle der Musik und sobald sie dich mit den passenden Bewegungen erblicken, werden sie sich beteiligen und wie von Geisterhand entsteht eine harmonisierende Schwingung im Raum. Wiederhole das Lied ruhig einige Male, um auch jenen Kindern die Chance auf eine Beteiligung zu bieten, die sich schwerer tun, aus ihrem Stress herauszufinden.

» Bastle mit Kindern so viel du willst

Wirklich wichtig ist für Kinder das Tun, das Entwickeln, das Ausprobieren. Mit den eigenen Händen und Sinnen etwas herstellen, Werkzeuge benutzen lernen, Oberflächen kennenlernen, Zusammenhänge erkennen, der inneren Vorstellung eine äußere Form geben, etwas aus sich heraus entstehen lassen – das sind wichtige Prinzipien, die es für Kinder zu erfahren gilt. Und da kommt dir und der Kita eine zukunftsweisende Aufgabe zu.

Neben dem Basteln an sich, also der handwerklichen Betätigung, findet auch stets Kommunikation statt. Kinder fragen dich, ob du eine Idee hast, was sie basteln könnten, oder sie zeigen dir selbst, dass sie durch ein Bastelbuch oder aus einem inneren Impuls heraus eine Idee entwickelt haben, was sie gerne herstellen würden.

Nimm dir die notwendige Zeit, sie in ihrem Vorhaben oder Ansinnen zu begleiten. Unterstütze ihre Pläne – sofern sie keine Gesundheitsrisiken bergen. Kümmere dich um ihr Bastelanliegen, sei ihnen behilflich bei der Materialsuche und zeige Interesse am Prozess der Herstellung. Lobe ihre Werke und Basteleien also nicht „blind“ oder ohne zu wissen, wie sie entstanden sind. Frage lieber bei den Kindern nach, wenn du den Entstehungsprozess nicht selbst begleitet hast oder nur teilweise dabei warst.

Aber setze dich dafür ein, dass Kinder basteln, werkeln, herstellen, planen, träumen und machen können. Fördere ihren Reichtum an Ideen, das ist wichtiger, als endlose Debatten zu führen über den pädagogischen Sinn von Vorlagen, Schablonenarbeit und den „Alle-machen-das-Gleiche-Diskussionen".

Für das Kind sieht sein Werk nie genauso aus wie das der anderen Kinder. Und wenn du beispielsweise etwas vorzeichnest, weil der kleine Nils dich bittet, ihm doch bitte, bitte einen Elefanten zu zeichnen – meine Güte, dann zeichne ihm einen Elefanten. Selbst wenn er fortan für einige Zeit genau diesen Elefanten zu kopieren versucht: Was ist schlimm daran? Er wird seine eigene persönliche Malweise trotzdem einbringen und sich darin weiterentwickeln. Er braucht aber zunächst eine Vorstellung davon, wie ein Elefant aussehen könnte, und wird entdecken, dass dein Elefant anders aussieht als der Elefant im Zoo oder im Bilderbuch oder im Naturkundebuch.

Übrigens muss auch nicht jedes Kunstwerk in einer Kita „portfoliotauglich" sein. Und Verbrauchsmaterial, wie Papier und Stifte, stehen dir und den Kindern in jedem Falle zu. Also, ran an Papier, Bastelbücher, Kleber, Schere, Wolle, Glitzer & Co.!

» Setze dich für gute Ernährung ein – auch bei dir selbst

Gute Ernährung nährt den Körper, sie stärkt und liefert die (lebens-)notwendige Energie, um Körperfunktionen aufrechtzuerhalten und den Geist freizuhaben für Gedanken und Emotionen, die sich außerhalb von Hunger oder Durst bewegen. Gute Ernährung hält uns nicht nur am Leben, sondern unterstützt uns in dem Wunsch danach, ein gesundes und lebenswertes Leben gestalten zu können. Satt und zufrieden lässt es sich besser leben als hungrig und unzufrieden, wenn man sich dann obendrein auch noch fit und leistungsfähig fühlt, dann lässt sich ein Wohlgefühl empfinden, das in Tätigkeiten mündet, die einem Spaß machen.

Dabei sind wir selbstverständlich auf der Suche nach Lebensmitteln, die uns munden und die uns angenehme Gefühle vermitteln.

Einen „guten Geschmack" zu besitzen, gilt als erstrebenswert, es „sich gut gehen" zu lassen, gilt als Ausgleich zu Anstrengungen, die man im Leben auf sich nimmt. Bei Kindern entwickelt sich der Geschmackssinn erst noch und verfeinert sich mit der Zeit, während wir Erwachsene meist schon ziemlich viel ausprobiert haben und sich bestimmte Vorlieben für Speisen und Getränke (unbewusst) implementiert haben. Wir meiden ungesunde Kost, sofern wir den direkten Zusammenhang zwischen ungesund und nicht schmackhaft herstellen können. Denn an unsere Gesundheit – physisch und psychisch – müssen wir schon selbst denken. Und danach handeln.

Du kannst jetzt auch den Kopf schütteln und dir sagen, das sei kein Thema für dich, aber im Interesse deiner Kita musst du dich mit Ernährung bei den Kindern beschäftigen. Warum also nicht „in einem Aufwasch" auch mal an dein eigenes (leibliches) Wohl denken und dich fragen:

- *Was esse und trinke ich in einer Woche?*
- *Was schmeckt mir und was nicht?*
- *Wie sah meine Ernährung als Kind aus und wer gab mir diese vor?*
- *Fühle ich mich wohl?*
- *Fühle ich mich fit und leistungsfähig?*
- *Bin ich mit meiner Ernährung zufrieden?*
- *Unterliegt meine Ernährung Schwankungen oder ist sie in meinem Leben eine Konstante? Und finde ich das gut?*
- *Ist es mir meine Ernährung wert, mich mit ihr zu beschäftigen?*
- *Ist mir die Ernährung der Kita-Kinder ein Anliegen oder eher nebensächlich?*

Egal ob dir Essen wichtig ist oder nicht, und egal welcher Ernährungsrichtung du dich zugehörig fühlst, es wird in deinem Leben, passend zu deinen jeweiligen Lebensstationen, auch immer bestimmte Speisen oder Getränke, Restaurants oder Orte, Situationen und Menschen geben, die du mit Erinnerungen verknüpfst – seien diese positiv oder negativ besetzt. Nahrung allein und für sich genommen, existiert quasi nicht, vielmehr steht sie immer in einem persönlichen und soziologischen Kontext in deinem Leben. Das gilt auch für die Kinder, mit denen du arbeitest und Zeit verbringst. Da kann der „ungesunde" Konsum sehr reichhaltiger Speisen durchaus sehr schöne Erinnerungsspuren hinterlassen – wie das Schokokusswettessen, das du mit Kindern an besonderen Tagen veranstaltest und bei dem die Kinder eine Zeit der ausgelassenen Gruppenstimmung verinnerlichen.

Da kann aber auch die frische Zubereitung einer Gemüsesuppe sich nachhaltig positiv in der Erinnerung der Kinder verfestigen, weil die Atmosphäre bei der gemeinsamen Zubereitung und der leckere Geschmack beim Verzehr sich ihnen einprägen. Gerüche, Geschmack, Konsistenz, Situation, beteiligte Menschen – und natürlich du selbst – tragen dazu bei, wie Kinder Nahrungsmittel in sich einsortieren. Wie in einer riesigen Bibliothek gelangt dann das Buch „Rezepte aus meiner Kita-Zeit" in die hinterste Ecke und verstaubt – oder ist sehr präsent im Ausleihbereich, weil es mit schönen Erinnerungen verknüpft ist.

Die Häufigkeit, mit der bestimmte Nahrungsmittel vorkommen, ist dabei unerheblich – das Gefühl, das mit ihnen einhergeht, ist entscheidend. Erinnerst du dich an die Nusstorte, die es zu deinem Geburtstag immer bei deiner Oma Ilse für dich gab? Oder an die

Lasagne, die dein Papa immer zu Weihnachten für die Familie zubereitet hat, seit Mama zur Vegetarierin wurde? Oder an den warmen Kakao, den ihr nach dem Eislaufen im Winter getrunken habt, während die „Großen" heiter bei Glühwein und Bratwurst plauderten? Sicher trägst du deine persönlichen Erinnerungen und Momente an Nahrungsmittel, Menschen und Situationen in dir, die Bilder und Emotionen in dir wachrufen. So wird es den Kindern in deiner Kita später auch einmal gehen. Wie toll, dass du ein (wertvoller) Teil dieser Erinnerungen werden kannst!

» Nutze jede Sprachgelegenheit mit Kindern – auch zum Schweigen

Hast du schon einmal beobachtet, wie sich Kontakte zwischen Müttern und ihren kleinen Kindern manchmal abspielen? Mir fällt es zum Beispiel im Hallenbad auf. Beim Umkleiden. Manche Mütter kommentieren dort jeden einzelnen Schritt, Väter hingegen vernehme ich entweder gar nicht oder in knappen Ein- oder Zweiwortsätzen, gerne inhaltlich auf das Allerwesentlichste reduziert: „Biste fertig?" oder „Badehose?" oder „Gehen wir?"

Das funktioniert bei vielen Frauen nicht. Sie benehmen sich wie wandelnde Drehbücher des Alltags. In wortwörtlicher Rede kommentieren sie jeden Schritt, jede Handlung wird zunächst verbal angekündigt, danach in ihrer Durchführung verbal begleitet und abschließend in Form einer Bewertung oder Reflexion verbal kommentiert. Das scheint jedenfalls mir so. Um beim Beispiel Schwimmbad zu bleiben, folgt eine Konversation zwischen Mutter und Kind:

Mutter: *So, Melissa, da sind ja die Umkleiden, mal schauen, ob wir gleich eine der ersten Kabinen nehmen oder doch lieber weiter nach hinten durchgehen. Hinten ist es näher zu den Duschen, weißt du?*

Kind: *Da hinten …?*

Mutter: *Ja, geh mal hinter mir her. Aber pass auf beim Laufen, hier ist es rutschig, hier laufen viele barfuß und dann rutschen die aus auf dem nassen Boden. Und wir wollen ja nicht, dass du dir wehtust, gell? Das kann wirklich weh tun, wenn man hier auf die Fliesen fällt. Na, da hinten sieht es aber schon ziemlich voll aus, ich kann gar keine freien Schränke entdecken, überall sind die Schlüssel abgezogen. Und dann sind die belegt, weißt du, dann hat da jemand seine Sachen drin und mit dem Schlüssel abgeschlossen und den Schlüssel mit ins Bad genommen …*

Kind: *Aber …*

Mutter: *Naja, komm, dann drehen wir wieder um und suchen doch weiter vorne eine Umkleide. Dass das heute wieder so voll ist, also, das wundert mich jetzt doch. Immerhin sind wir 20 Minuten vor deinem Kurs schon hier … Ach, weißt du was, Melissa?*

Kind: *Mama …*

Mutter: *Das ist bestimmt so voll vom Babyschwimmkurs, der findet ja immer vor deinem Seepferdchenkurs statt. Stimmt, deswegen ist es hier so voll, die kommen sicher gleich alle raus und dann ist hinten doch wieder was frei … Denn hinten wäre schon besser wegen der Duschen, die sind dann näher. Ich mag das auf jeden Fall viel lieber, wenn wir einen Schrank in der Nähe der Duschen haben, dann kann ich nachher schon mal vorgehen zur Umkleide und du kannst nachkommen, weil der Weg ja nicht weit ist und du dir den kurzen Weg gut merken kannst. Haben wir beim letzten Mal ja auch schon so gemacht, erinnerst du dich, Melissa?*

Kind: *Also …*

Mutter: *Na, ist ja auch egal jetzt. Im Moment ist ja alles belegt. Also, entweder warten wir hier hinten, bis einer vom Babyschwimmkurs kommt und seinen Schrank räumt oder wir suchen uns doch weiter vorne einen. Was meinst du, mein Schatz?*

Kind: *Hmmm …*

Mutter: Genau, Melissa, wir gehen einfach schon mal so durch die Dusche rein und hängen unsere Sachen auf. Ich sehe ja dann, wenn Leute rausgehen und dann suche ich uns einen freien Schrank …

Ich vermute mal, ein Kind wie Melissa ist heilfroh, wenn du sie in ihrer Kita nicht auch noch ganzheitlich verbal begleitest, sondern den einen oder anderen Sprachanlass zum gemeinschaftlichen Schweigen nutzt.

Das beschriebene Beispiel möge dir deutlich machen, dass reines Sprechen um der Sprache willen auch ziemlich anstrengend sein kann und gegebenenfalls schlicht unnötig ist. Sprache funktioniert nicht ausschließlich über das gesprochene Wort. Sprache funktioniert für Kinder ganzheitlich. Sprache geschieht über Gestik, Mimik, Akustik und auch über Berührung – und das reine Kommentieren und Beschreiben ohne ausreichend Sprachpausen führt bei Kindern leicht zur „inneren Abkehr". Sie lassen sich von dir oder anderen Erwachsenen mit Worten berieseln – das ist aber keine aktive Sprachförderung. Es ist Sprachberieselung. Ein kleiner, aber feiner Unterschied. Dich und deine Kolleg*innen kann es wirklich entspannen, nicht alles sprachlich begleiten zu müssen, sondern auch im Schweigen, Lächeln, Streicheln oder im Zuhören zu bleiben – also, schont eure Stimmbänder in der Kita!

» Keine Scheu vor Berührungen – knuddeln ausdrücklich erwünscht

Bestimmt erinnerst du dich gerne an Menschen, die dir Trost und Zuspruch gespendet haben, sofern du traurig oder verletzt warst. Berührungen verstärken das Gefühl von Schutz und Geborgenheit. Leider werden Berührungen immer seltener ausgetauscht, das sollte man nicht meinen in unserer aufgeklärten und modernen Welt, es ist aber faktisch so.

> Insgesamt wird zu viel geredet und zu wenig berührt.
>
> *Heike Heilmann*

Im Bereich der Kita und sozialen Einrichtungen hat unter anderem die Diskussion um Missbrauch dazu geführt, dass eine breite Welle der Verunsicherung herrscht. Wie darfst du Kita-Kinder berühren, ohne dass es anrüchig erscheint? Vor allem männliche Erzieher haben hier ein schwieriges Los. Leidtragende sind wir letztlich alle, am meisten jedoch sind es die Kinder. Wir sind alle Menschen und Menschen brauchen andere Menschen um sich herum. Niemand ist in der Lage, sich selbst so zu berühren, wie es ein anderer Mensch tut. Keine Eigenmassage kann so wohltuend sein wie eine Massage durch einen anderen Menschen – wenn man das möchte. Berührt werden zu wollen, kann man allerdings auch verlernen. Ohne Vertrauen und Zuversicht in die guten Absichten des*der Berührenden machen Berührungen keine Freude, sondern begünstigen eher eine Abkehr vom Körperkontakt.

Kleine Kinder wissen davon nichts. Sie sehnen sich nach Körperkontakt, sie tauschen liebend gerne Zärtlichkeiten, liebevolle Berührungen und Streicheln mit ihren Eltern und Bezugspersonen aus.

Körperkontakt ist Kommunikation, da wir sinnliche Lebewesen sind und unsere Haut und Nerven dafür ausgestattet sind, sensibel empfinden zu können und auf Berührungen zu reagieren. Gerade im Krippen- und Kleinkindalter, wenn Kinder viel Zeit in der Kita verbringen, benötigen Kinder körperliche Kontakte.

Sie lernen im Spiel mit anderen Kindern Grenzen der Körperlichkeit kennen, sie lernen, was es bedeutet, sich gegenseitig wehzutun und sich gegenseitig gutzutun. Sie probieren ihre Kräfte und ihre Sinne aus und lernen aus den entsprechenden Reaktionen der Kinder und Erwachsenen. Sie genießen die ungeteilte Aufmerksamkeit beim Wickeln, das heftige Pusten an ihrem Bauchnabel lässt sie aufjauchzen und lachen, das sanfte Pusten über die nackte Haut lässt sie innehalten und nachspüren. Sie verbinden Körperkontakt mit Hinwendung und Zuwendung, also mit Aufmerksamkeit und damit auch mit dem Gefühl, wichtig zu sein auf dieser Welt. Ihr Ich-Bewusstsein ist gekoppelt an solche Erfahrungen.

Sei mutig und traue dich, mit Kindern in körperliche Kontakte zu treten. Unterstreiche deine Worte mit Berührungen. Nimm die Hand eines Kindes und drücke sie sanft, während du ihm erklärst, warum es heute mal nicht auf dem Bauteppich spielen kann. Nimm das kleine Gesicht eines Kindes in deine Hände und suche den Augenkontakt, wenn du einem Kind deine volle Aufmerksamkeit schenkst. Umarme und halte ein Kind, das droht, in einem Tobsuchtsanfall gleich alles durch die Gegend zu werfen. Streichle den Kindern ritualmäßig über den Kopf oder den Rücken, wenn du die Aufsicht im Schlafraum hast und sie das möchten.

Hast du ein vertrauensvolles Verhältnis zu den Kindern, wirst du selbst es merken, ob Kinder solche Berührungen mögen oder nicht. Unterlasse Berührungen nicht aus Unsicherheit oder Angst davor, was die anderen dazu sagen könnten, sondern weite das Ganze auch auf deinen Umgang mit Kolleg*innen oder Eltern aus. Probiere es aus, wie sich Berührungen auf deine unterschiedlichen Beziehungen am Arbeitsplatz Kita auswirken. Du wirst erstaunt sein![7]

[7] *Zum Thema „Körperkontakt mit Kindern" sollte jedes Kita-Team eine schriftlich dokumentierte Leitlinie entwickeln. Speziell das Thema „Kindliche Sexualität" und wie sich die Kita dazu verhält – also mit ihr umgeht – gehört konzeptionell verankert und eine Haltung des Teams dazu manifestiert. Klare Verhaltensregeln, was „erlaubt" ist und wo die Grenzen liegen, sind zwingend notwendig und werden am besten mit Fachleuten entwickelt (Fachberatung, Pro Familia).*

» Kinder gut (er)kennen

Hier möchte ich ausdrücklich noch einmal an deine Sinne appellieren, dich vor allem jenen Kindern zuzuwenden, die von zu Hause aus eher wenig Zuwendung und Wertschätzung erhalten, liebe*r Leser*in. Wenn du dich um alle Kinder gleichermaßen intensiv kümmern willst oder dieser Anspruch bei euch in der Kita besteht – womöglich, um „gerecht" zu sein – dann bleibt dir gar nichts anderes übrig, als zu allen Kindern einen geringen Kontakt zu halten. Weil es zu viele Kinder sind, weil du dich nicht aufteilen kannst, weil du nicht in jedes Projekt alle Kinder (zahlenmäßig) einbeziehen kannst.

Natürlich besteht eine Kernaufgabe außerfamiliärer Bildung und Erziehung darin, Kinder „gesellschaftsfähig" zu machen. Sie sollen lernen, sich in Gruppen einzufügen, sich an deren Regeln zu halten und ein soziales Mitglied der Gemeinschaft zu werden. Doch manche Kinder brauchen deine Unterstützung in der Kita mehr als andere Kinder. Platt gesagt: Kinder, bei denen zu Hause so weit alles in Ordnung ist und die sich in ihrer Entwicklung gut begleitet wissen, benötigen deine Aufmerksamkeit als Fachkraft und Bezugsperson weniger als jene Kinder, deren Lebensverhältnisse zu Hause weniger günstig sind. Kinder, die sich unverstanden fühlen, Kinder, die „anders ticken", als es ihre Eltern sich wünschen, müssen eher von dir in deinen Fokus genommen werden.

Und das darfst du so auch benennen, jedenfalls im Austausch mit deinem Kita-Team. Vor Eltern sollte es ganz ausgeklammert werden. Aber vor dir und deinem Team solltest du den Schneid aufbringen, dich für die schwächsten Glieder der Kette einzusetzen, statt sie ihrem Schicksal zu überlassen, nach dem Motto „Was soll aus dem schon werden ...?!".

Es kann und darf nicht sein, dass es Kinder in deutschen Kitas gibt, die einen solch negativen Stempel auf ihrer Stirn tragen.

Nimm dir gerade für jene Kinder am meisten Zeit und Energie, die die wenigsten Freundinnen und Freunde haben. Kinder, die unzufrieden, unausgeglichen, auffällig im Verhalten sind oder ausgegrenzt werden. Kinder dürfen nicht am Pranger stehen! Entdecke sie, schenke ihnen deine Zeit, dein Können, deine Kompetenzen. Ergründe ihr Verhalten, statt es zu verurteilen. Erforsche ihre spannenden Lebensgeschichten, knüpfe Kontakte zu professionellen Unterstützer*innen, wie Erziehungsberatungsstellen, Kinderpsycholog*innen und Fachleuten, die über Erfahrungen verfügen.

Gib diese Kinder nicht auf. Gib in deiner Laufbahn kein Kind auf.

Erkenne deine Grenzen an, aber weise niemals einem Kind die Schuld an seinem kindlichen Verhalten zu. Dann machst du bereits einen guten Job! Kein Kind ist gerne unbeliebt oder sozial auffällig. Kein Kind mag es, wenn es schlecht dasteht, wenn es

„ein Problem" ist. Etwas, über das man negativ spricht – ob offen oder hinter vorgehaltener Hand.

Mache du dich zum*zur Fürsprecher*in dieser Kinder und ermutige dein Team, sich der Schwierigkeiten des Kindes anzunehmen und gemeinsam nach Hilfen für das Kind oder die Familie zu suchen. Entdecke die Schätze in dem Kind, seine starken Seiten, seine vielleicht tief verborgenen Talente. Jeder kleine Erfolg und jedes positive Erlebnis sind für jene Kinder umso wichtiger, als sie es für andere Kinder sind.

» Im Moment leben: Was du alles von Kindern lernen kannst

Um an oben anzuknüpfen, erzähle ich dir eine kurze Geschichte aus meiner Zeit in einer Kita mit angegliedertem Hort.

In der Hortgruppe, die ich mit einer Kollegin betreute, waren unter den 20 Kindern drei, die aus sozial schwachen Verhältnissen kamen. Kein Mensch benennt sie so im Alltag, sie wurden „Straßenkids" genannt, weil sie den größten Teil ihrer freien Zeit außerhalb von Schule und Hort eben „auf der Straße" verbrachten. Ihre Eltern waren alkoholkrank oder arbeitslos oder desinteressiert oder selbst haltlos in ihrem Leben. Ich glaube, man nennt es auch Perspektivlosigkeit, dieses Straßenleben der Straßenkids. Auf jeden Fall wollten meine Kollegin Rita und ich gerade für diese drei Kinder das Bestmögliche aus ihrer Zeit im Hort herausholen.

Wir stellten uns immer wieder schützend vor sie, wenn die Eltern anderer Kinder sich über ihr Verhalten beschwerten. Wir bemühten uns, dass sie größere Essensportionen als die anderen Kinder erhielten, wir steckten ihnen Äpfel aus unseren privaten Taschen zu und sagten, wir hätten darauf keinen Appetit mehr und Ähnliches. Rita und ich hatten gute und stabile Beziehungen zu den dreien. Es handelte sich um zwei Jungen und ein Mädchen. Sie waren zwischen neun und zehn Jahren alt und miteinander befreundet. Sie suchten auch deswegen die Nähe zueinander, weil sie sich schwertaten mit den „bürgerlichen" und „normalen" Verhältnissen, aus denen die übrigen 17 Kinder der Hortgruppe stammten.

Die drei, nennen wir sie Iris, Mario und Luca, bildeten seit ihrer Kindergartenzeit ein eingespieltes Trio. Sie stellten viel Blödsinn an, ständig schleppten sie Verkehrsschilder oder Autofelgen in den Hort, die angeblich „im Wald" herumgelegen hätten. Ihre schulischen Leistungen waren katastrophal, ihre Schulranzen waren ständig kaputt und zerschlissen. Schulhefte waren zerrissen oder verschwanden wie von Zauberhand gänzlich aus ihren Ranzen. An einem Tag füllte ich Iris' Schülermäppchen mit meinen privaten Stiften auf, am nächsten Tag war es bis auf einen abgebrochenen Bleistift wieder leer und Iris zuckte nur entschuldigend mit den Schultern, als ich es entgeistert registrierte. In einer Minute waren Mario und Luca friedlich und lachend in ein Spiel vertieft, in der nächsten Minute blutete einer aus der Nase, weil sie sich im Streit brutal schlugen. Ich konnte einen von ihnen stundenlang (gefühlt jedenfalls waren es Stunden) neben mir auf dem Sofa sitzen haben und streicheln und Geschichten erzählen von fernen Ländern, die ich besucht hatte. Und später konnte mich genau jenes Kind auf das Übelste beschimpfen, weil ich verlangte, seine Hausaufgaben zu kontrollieren (die es vermutlich nur unzureichend erledigt hatte).

Es war das reinste Wechselbad mit ihnen.

Einmal beschlossen Rita und ich, mit der Hortgruppe etwas Neues zu wagen und in den Ferien eislaufen zu gehen. 17 Kinder waren schon x-mal mit ihren Eltern oder Familien eislaufen, drei Kinder noch nie. Alle gingen davon aus, dass 17 Kinder daher im Vorteil seien gegenüber den drei Kindern, die noch nie beim Eislaufen gewesen waren. Sticheleien und Mutmaßungen gingen zwischen den „Lagern" hin und her. Rita und mir war es nie gelungen, die Grabenkämpfe aufzulösen, so sehr wir uns auch bemühten. Die Stimmung war leicht angeheizt, aber wir fuhren trotzdem mit dem Bus zum Eisstadion.

Und es wurde ein voller Erfolg.

Mario, Iris und Luca erwiesen sich als regelrechte Naturtalente. Sie waren so aufgeregt gewesen und auf ihre aggressive Weise unsicher, ob sie sich überhaupt würden auf den Beinen halten können. Aber sie waren auch mutig genug, mitzukommen und sich der Gefahr zu stellen, sich zu blamieren. Sie hatten Rita und mir vertraut. Wir bewegten uns außerhalb der Kita und außerhalb des geregelten Rahmens. Niemanden außer Rita und mich interessierte es in diesem Moment, dass die drei zum allerersten Mal in ihrem Leben Schlittschuhe an ihren Füßen spürten. Aber Rita und mich interessierte es.

Verstehst du?

Für die übrigen 17 Kinder stellte der Ausflug eine willkommene Abwechslung dar, viele verfügten sogar über eigenes Equipment, sie tauschten sich während der Busfahrt über ihre Eislauferfahrungen aus und trafen Absprachen, wie sie es gleich im Eisstadion machen wollten. Alle, wirklich alle Kinder außer Iris, Luca und Mario hatten von ihren Eltern Taschengeld für den Ausflug erhalten, sodass Diskussionen über Pommes und Cola und Eis losbrachen. Unsere drei hatten nicht einmal das Eintrittsgeld mitgebracht, wussten aber, dass Rita und ich das übernahmen. Sollte aber niemand wissen. Ist klar, oder?

Und sie dann erleben zu dürfen im Eisstadion – ganz ehrlich, das werde ich nie in meinem Leben vergessen. Und damit hatten wir auch überhaupt nicht gerechnet, Rita und ich. Ich weiß noch, wie wacklig und ungläubig sie auf ihren Schlittschuhen standen.

Ein Geschrei und Gezeter im allerschönsten Sinne war das! Ihre ersten unsicheren Schritte in Richtung Bande. Anderen Kindern unserer Gruppe erging es da auch nicht anders, was wiederum unsere drei Neulinge freute und amüsierte und motivierte. Es sind noch keine Meister vom Himmel gefallen. Aber was diese drei da lieferten, das war eine Wucht! Jedenfalls für sie selbst und für Rita und für mich und für unsere Hortgruppe auch!

Speziell Mario erwies sich als sehr talentiert fürs Eislaufen und war natürlich selbst am meisten überrascht. Er strahlte übers ganze Gesicht, war hoch konzentriert und eifrig. Ohne Pausen zog er seine Bahnen, sobald er es wagte, sich von der sicheren Bande zu lösen. Ich konnte nicht aufhören, ihn in seinem Tun zu beobachten. „Hey, Heike, guck mal …“ rief, schrie und lachte er ein ums andere Mal, „… guck mal, wie ich laufen kann, ey. Ich kann das!“

Auch Iris und Luca machten eine erstaunlich gute Figur. Angstfrei und risikofreudig zischten sie bald über das Eis. Nach jedem Sturz checkten sie kurz, ob sie verletzt waren. Dann ging es sofort und ohne Jammern weiter. Irgendwie war es ein magischer Tag. Momente voller kleiner Wunder, die die Kinder sich und uns schenkten. Die übrigen Hortkinder kamen aus dem Staunen nicht heraus, bald holten sie sich Tipps von den dreien.

Es war ein unbeschreibliches Gefühl, mit diesem Ausflug für diesen Moment genau das Richtige getan zu haben. Ich habe keine Ahnung, was aus den Hortkindern von damals geworden ist und ob sie sich dieses Tages erinnern. Aber mir hat er gezeigt, dass es sich lohnt, auf die Kinder zu setzen, immer wieder auf die Kinder zu setzen, ihnen immer wieder neue Chancen anzubieten, sich weiterzuentwickeln und Stärken bei sich ausfindig zu machen. Wenn du einem Kind zum eigenen Strahlen über sich selbst verhelfen kannst, hat das etwas Magisches. Und in solch magischen Momenten fragst du nicht nach dem gestrigen Tag oder denkst an den folgenden Tag, nein, du gehst völlig in diesem Moment auf. Die Kinder zeigen dir, wie das geht, dieses „Ganz-im-Moment-Sein“. Alles, was es dafür braucht, sind ein offenes Herz, zur richtigen Zeit am richtigen Ort sein und loslegen, wenn es an der Zeit ist, loszulegen.

Machen statt reden. Sich überwinden statt weglaufen. Einmal mehr aufstehen als hinfallen. Weil es diese magischen Momente wert sind.

» Den MOMENT genießen

NACH dem Kita-Tag

Während der Berufstätigkeit – egal welchen Alters du bist – ist es wichtig für die eigene Gesundheit, Mittel und Wege der Stressbewältigung zu finden. Dein persönlicher „Abschaltknopf" von der Fachkraft zur privaten Person kann sich im Laufe deines Lebens verändern. Das ist eine gute Nachricht. Wenn es Zeiten gab oder gibt, in denen du das Gefühl hast, nicht gut abschalten zu können, kannst du darauf hoffen, dass sich das ändern wird. Du sammelst Erfahrungen mit unterschiedlichen Techniken, du legst dir einen „Schutzpanzer" aus beruflichen Überlebenstechniken zu, du gewinnst Erkenntnisse aus Fehlern der Vergangenheit und du verfügst über kreatives Potenzial, deine Lebenssituation deinen Bedürfnissen anzupassen. Du erlebst private Ereignisse, die dich prägen. Du leidest und musst geliebte Tiere, Menschen und Orte loslassen – sei es durch Trennung, Krankheit oder Tod. Das bleibt nicht aus in deinem Leben. Du gehst damit um, weil du irgendwie damit umgehen musst. Du durchlebst Krisen und Wunder, du überlebst traumatische Erfahrungen und verbringst Stunden damit, über alles Mögliche zu grübeln. Du erlebst gesellige Zeiten und Zeiten des Alleinseins. Du bist du – mit all deinen Facetten.

Jeder Tag gibt dir die Möglichkeit, beim „kleinen Abschied" von der Kita die Grenzen zwischen Präsentsein und Loslassen neu zu ziehen.

Die letzte halbe Stunde in der Kita

In deinem Dienstplan kannst du sehen, wann deine Arbeit in deiner Kita beginnt, wann sie endet und wo dazwischen deine Pausenzeiten liegen. Das gibt dir die zeitliche Tagesstruktur vor. Jedenfalls sollte das so sein. Dienstpläne, die nur auf dem Papier existieren, aber praktisch (fast) nie umgesetzt werden (können), führen dauerhaft zu unzufriedenen Mitarbeiter*innen und sind irgendwie auch zweckfrei, findest du nicht? Wenn das bei dir in der Kita der Fall sein sollte, kannst du das auf jeden Fall ansprechen und die Kita-Leitung darin unterstützen, sich beim Träger für Abhilfe einzusetzen. Es gibt arbeitsrechtliche Vorgaben, die Dienst- und Pausenzeiten regeln – und zwar unmissverständlich.

So ergibt es beispielsweise keinen Sinn, seine Pause ans Ende seiner Arbeitszeit zu legen, um dann 30 Minuten früher gehen zu können. Das mag für eure betrieblichen Abläufe gut sein, nicht jedoch für dich und deine Gesundheit. Das aber nur am Rande.

Normalerweise ist dir also das Ende deiner Arbeitszeit im Vorhinein klar, du verfügst über Planungssicherheit für deine Arbeitstage und kannst dich darauf vorbereiten. Lege dir nach Möglichkeit keine unübersichtlichen Termine an das Ende deiner Dienstzeit, also Termine, die erfahrungsgemäß länger dauern als geplant. Plane deine letzte Verpflichtung des Arbeitstages nach Möglichkeit so, dass dir nach Beendigung eines Termins (Elterngespräch, Vorbereitungszeit mit Kolleg*innen, Vorschule, Kooperationstreffen ...) noch ca. 30 Minuten bleiben. Es tut dir gut, wenn du in diesen letzten 30 Minuten – oder wenigstens 20, 15 oder 10 Minuten – deinen vor dir liegenden Feierabend innerlich „einläuten" kannst. Es gibt immer noch genug Sachen zu erledigen, bevor du die Kita verlässt: Gruppenraum „fertig" machen, Müll entsorgen, aufräumen, etwas für den nächsten Tag vorbereiten, zur Toilette gehen, Hände waschen, deine Tasche und deine Sachen holen beziehungsweise packen, letzte Informationen an Kolleg*innen weitergeben, das Telefon auf seine Station stellen, Fenster schließen und so weiter und so fort. Geht dein Dienst bis 14 Uhr oder 15 Uhr oder auch bis 16 Uhr oder 17 Uhr – plane eine halbe Stunde früher ein, mit den Vorbereitungen auf deinen Feierabend zu beginnen.

Halte diese Zeit nicht für weniger sinnvoll genutzt als all die anderen Aufgaben, die du jeden Tag für deine Kita erledigst. Alles, was du für dein berufliches Wohlergehen machst, kommt letztlich deiner Kita zugute, oder? Darum solltest du deinen Arbeitsplatz nicht abgehetzt und „auf den allerletzten Drücker" verlassen, womöglich gar noch zu einer Straßenbahn oder einem Bus rennen oder zu einer privaten Verabredung zu spät kommen, nur weil es in deiner Kita mal wieder länger gedauert hat. Das kann mal die Ausnahme, aber keineswegs die Regel sein. Achte auf deine letzte halbe Stunde in deiner Kita, damit du in Ruhe und ohne etwas Wichtiges zu vergessen, deine letzten Aufgaben verrichten kannst und zudem gedanklich Übergänge schaffst, was nun nach der Arbeit bei dir auf dem Programm steht.

So gelingt die Vorbereitung auf die Freizeit

Du darfst deine Freizeit ernst nehmen! Freie Zeit, die du dir einteilst, die dir zusteht, die für dich wichtig ist, mit der du tun und lassen kannst, was du möchtest. Du darfst den Kopf frei bekommen von deiner Kita-Arbeit, du darfst Zeiten haben, in denen du nicht an die Arbeit denkst. Du darfst einkaufen, ohne auf Angebote zu achten, die mit der Kita zu tun haben. Du darfst Freundinnen, Freunde und Familie treffen und nicht über deine Arbeit sprechen (wollen). Du darfst unangenehme Gefühle und Gedanken an deine Arbeit ausblenden und dich amüsieren oder es dir gut gehen lassen in deiner Freizeit. Dir darf deine Arbeit einfach auch mal egal sein. Du darfst in deiner Freizeit nach Leichtigkeit und Spaß, nach Anregung und Zerstreuung, nach guter Unterhaltung und nach Genuss Ausschau halten. Ohne schlechtes Gewissen, ohne Reue, ohne eine berufliche Verpflichtung.

Meistens neigen Erzieher*innen dazu, mit all ihrem Wesen Erzieher*innen ihrer Kita zu sein und auch in der Freizeit (zu viel) an ihre Kita zu denken.

Abschiedsrituale in der letzten halben Stunde tragen dazu bei, einen gesunden Abstand zwischen Arbeit und Privatleben herzustellen. Du brauchst deinen privaten Bereich, um für die Kita fit und belastbar zu sein. Da ist es nützlich, wenn du Aktivitäten in deinem Privatleben hast, auf die du dich freust. Ob das Fernsehen ist oder ein Spieleabend, ob das Lesen ist oder mit Freund*innen ausgehen, ob das Reiseplanungen sind oder ein Bummel durch die Stadt, ob das Essenkochen für die Kinder ist oder ob es für dich auch mal einfach nur eine Tüte Chips, ein gutes Glas Wein und ganz viel Nichtstun zu Hause auf dem Sofa sein darf – dein Körper, deine Seele und dein Geist benötigen Auszeiten und Erholungsphasen von der Kita-Arbeit.

Du musst sprichwörtlich auf andere Gedanken kommen, um dauerhaft und nachhaltig gute pädagogische Leistungen erbringen zu können. Und je häufiger und freundlicher und bestimmter du dir das bereits sagst, solange du noch in der Vorbereitung auf deine Freizeit bist – also in der letzten Zeit vor deinem Dienstende – desto bewusster und sicherer wird dein Umgang damit sein.

Tschüss „müssen" und Hallo „dürfen"

„Ich muss noch schnell …", „das muss ich erledigen …", „du musst dran denken, dass …" oder „wir müssen dies oder jenes machen" – das sind Sätze, die du getrost in deiner Arbeitszeit hörst und sagst. Und all die ganzen „Muss-Sätze" haben durchaus ihre Berechtigung und fassen gut zusammen, dass bestimmte Dinge erledigt werden müssen, um Prozesse funktionieren zu lassen. Es nutzt dir wenig, wenn du alles infrage stellst und darauf überprüfst, ob du dies oder jenes tatsächlich auf diese oder jene Weise tun musst. Denn überall, wo Menschen zusammenarbeiten, brauchen sie ein Korsett an zuverlässigen Abläufen, um sich an den Arbeitsprozessen beteiligen und einbringen zu können. Das ist manchmal lästig oder unangenehm, aber notwendig für die Arbeit in einer Kita. Sicher können du oder deine Kolleg*innen und die Kita-

Leitung immer wieder mal über Veränderungen im Tagesablauf diskutieren und verändern, aber im Groben bleiben „Muss-Sätze" übrig.

Wandert der Uhrzeiger allerdings Richtung Feierabend, kannst du es dir erlauben, auch in „Dürfen-Sätzen" zu denken und zu planen.

Sicher gibt es im privaten Bereich Verpflichtungen, die du eher in die Kategorie „müssen" als „dürfen" einsortierst. Aber deine privaten Angelegenheiten spiegeln dein privates Leben. Darüber verfügst du eigenverantwortlich und weniger fremdbestimmt als über dein Berufsleben mit seinen Regeln. Du trägst die Verantwortung für dein Privatleben, das kannst du nicht mit deinem Kita-Team teilen oder es ihm ankreiden, falls es nicht rundläuft. Wie du lebst, wie dein Zuhause und dein Umfeld aussehen, welche Art von Partnerschaft du lebst, deine finanzielle Situation oder dein Freizeitverhalten – das ist mindestens genauso wichtig in der (zeitlichen) Dimension deines Lebens wie dein Berufsleben. Und beide Dimensionen nehmen Einfluss aufeinander, schließlich bist du kein Roboter, der einfach den Hebel von privat auf beruflich oder umgekehrt legen kann. Du selbst entscheidest darüber, ob und wie stark du dein berufliches Ich von deinem privaten Ich abgrenzt.

Es gibt Kitas, in denen sich das Team auch privat sehr nahesteht, wo Freundschaften oder verwandtschaftliche Beziehungen bestehen – und das Miteinander am Arbeitsplatz prima funktioniert. Genauso gibt es Kitas, in denen sich das Team stark voneinander abgrenzt, was das Privatleben anbelangt – und das Miteinander am Arbeitsplatz prima funktioniert. Und eben auch umgekehrt gibt es ausreichend Praxisbeispiele für das genaue Gegenteil. Wieder einmal gibt es kein Patentrezept. Auf jeden Fall sollte es nicht sein, dass deine privaten Probleme zu Kita-Problemen werden und umgekehrt – schon dafür ist die sogenannte „professionelle Distanz" wertvoll.

In der Kita fokussierst du dich auf deine Arbeit, vor allem auf die Beziehung zu den Kindern. Im Privaten fokussierst du dich auf deine privaten Angelegenheiten, vor allem auf deine Beziehungen zu Familie, Freund*innen, Bekannten. Der eine Bereich sollte den anderen Bereich möglichst wenig belasten, sodass ein ausgewogenes Verhältnis zwischen dem, was du „tun musst" und dem, was du „tun darfst", gewährleistet wird. Das ist kein leichtes Unterfangen, abgesehen davon, unterliegt dein Leben dem Wandel deiner Lebenszeit, deiner unterschiedlichen Lebensphasen und all den Ereignissen, die passieren. So oder so, du hast ein Recht darauf, es dir gut gehen zu lassen in deinem Leben, ein Leben, das für dich nur aus „Müssen" zu bestehen scheint, darfst du einer kritischen Prüfung hinterziehen. Du hast es in der Hand, deinem Leben neue Richtungen zu verleihen, wenn du das willst – du „musst" lediglich mit den Konsequenzen deines Handelns leben.

So schüttelst du die Arbeit ab

Was dir den Übergang in deinen Feierabend erleichtert, ist, dich „ein wenig frisch" zu machen. Mir ist klar, wie banal das klingt. Aber oft sind es genau diese vermeintlichen Kleinigkeiten, die man dann im Alltag doch wieder vergisst oder aus Zeitgründen weglässt. Es gilt als erwiesen, dass speziell Gerüche sich auf die menschliche Stimmung auswirken. Und du verbindest mit den Räumen deiner Kita auch Gerüche – und die stehen in Verbindung mit deinem Arbeitsplatz.

Es duftet nach Wäsche, es duftet nach Essen, es duftet nach Teppichen und Mobiliar, es duftet nach dem Geruch der Kinder und Kolleg*innen, das Gebäude sondert Düfte ab und die Räume riechen auf ihre spezielle Art und Weise. In eurem Personalbad riecht es – vielleicht nach einer bestimmten Seife oder einem Reinigungsmittel.

Was hältst du von der Idee, dir ein kleines Depot zuzulegen mit einer Seife, einer Handcreme, einem Deodorant oder einem Körperduft, der dir sehr angenehm in deine Nase geht? Verpackt in eine hübsche Tasche oder Kiste, greifst du an deinem Feierabend danach, verschwindest für zwei oder drei Minuten im Bad und „schüttelst den beruflichen Alltag" ab, indem du deine Hände wäschst, sie eincremst und deine Düfte benutzt – je nach Laune und Tagesform. Du duftest nach Feierabend und vielleicht ist dir sogar danach, deine Hände und dich ein wenig zu schütteln, um den Duft noch intensiver erschnuppern zu können.

Belohne dich – in deinem Tempo und Temperament

Nicht jeder Mensch kann seinen beruflichen Stress oder Alltag einfach so abschütteln. Nicht auf jeden Menschen wartet nach dem Feierabend ein „Feier-Abend". Für manche Kolleg*innen gehen der Stress und die Arbeit nach der Kita-Arbeit im privaten Leben einfach nahtlos weiter. Kinder, Partnerschaft, Haushalt, Nebenjobs, Pendelverkehr, Einkauf, Versorgung, Sportverein oder andere ehrenamtliche Verpflichtungen warten auf viele Kita-Mitarbeiter*innen nach ihrer Arbeit. Sie haben sich nicht nur um ihr eigenes Wohlergehen zu kümmern und können Stadtbummel unternehmen, sondern kümmern sich um andere Menschen, die ihnen nahestehen. Jeder Mensch ist in seinem Tempo und Temperament unterwegs durchs Leben. Das gilt es vor, während und nach der Arbeit in der Kita zu berücksichtigen.

Wer keinerlei Möglichkeiten für sich sieht, seine persönlichen Akkus aufzuladen, sondern immer nur für andere da ist und sich dabei aber sehr gut und gesund und wohl fühlt, der soll das auch gerne weiter so handhaben. Es gibt Menschen, die ihre Kraft aus der Hingabe schöpfen. Es gibt Menschen, die ihre Kraft aus der Langsamkeit ziehen, mit der sie ihr Leben gestalten. Menschen, die sich niemals ganz verausgaben und so stets auf Reserven zurückgreifen können, wenn es wirklich stressig wird. Es gibt Menschen, die durch ihr Leben rasen und von einer Sache in die nächste eilen. Aber auch diese Menschen erholen sich – sei es im Schlaf, beim Sport, bei der Zufriedenheit, sich verausgabt zu haben. Man kann ab einem gewissen Alter Arthrose und Verschleißerscheinungen im Körper bekommen – und das von Leistungssport genauso wie von „extreme couching".

Womit du dich gut fühlst und wofür du dich immer wieder entscheidest in deinem Leben, das ist das, was wirklich zählt. Entwickle dein persönliches Rückgrat, in deinem Tempo und Temperament durch dein Leben zu schreiten, statt Trends und Ratschlägen zu folgen, die dir nicht liegen und die du wegen der anderen versuchst und nicht aus deiner Überzeugung heraus. Steh zu dir.

Anregungen für deinen Nachhauseweg

Am allerbesten erkundest du die Gegend immer noch zu Fuß. Liegt dein Arbeitsplatz zu weit von deinem Zuhause entfernt für einen Fußmarsch – was eher der Regel entspricht –, so kannst du versuchen, Teilstücke der Strecke einmal zu Fuß zu erkunden. Eine oder zwei Stationen früher auszusteigen aus Bus oder Bahn und das restliche Stück mit einem Spaziergang zu verbinden – wow, auf einmal stellst du eine neue Verbindung zwischen Arbeitsplatz und Zuhause her. Möglicherweise entdeckst du einen süßen Bäcker, den du noch nicht kanntest. Oder du weißt nun, wo die Straße liegt, in der eine Kollegin von dir wohnt. Oder du begegnest einem Kind aus deiner Kita, das mit seinem Papa einkaufen geht und sich sehr freut, dich auch mal außerhalb der Kita getroffen zu haben und dich am nächsten Tag in der Kita freudestrahlend darauf anspricht. Vielleicht fährst du einmal mit dem Fahrrad zur Arbeit, lässt es dann dort stehen und fährst am nächsten Tag mit dem Fahrrad von deiner Kita nach Hause. Oder du versuchst, mit Kolleg*innen Fahrgemeinschaften zu bilden, statt allein mit dem Auto zu fahren. Du könntest dir auch einen Motorroller zulegen und damit über Feldwege und Nebenstraßen fahren, statt dich in den Stau des Berufsverkehrs auf den Schnellstraßen einzufädeln.

Du kannst deinen Nachhauseweg aktiv dazu nutzen, vom Kita-Alltag Abstand zu nehmen, indem du deine Aufmerksamkeit bewusst auf andere Bereiche lenkst. Jeder Meter bringt dich näher zu deiner privaten Welt mit deinen privaten Angelegenheiten. Schließlich ist morgen auch noch ein Tag und da steht tagsüber wieder dein Arbeitsplatz an erster Stelle. Aber eben erst morgen. Alles hat seine Zeit. Und jetzt ist deine „Nachhauseweg-Zeit".

Bewegung schafft neue Kraft

Du musst kein Sportgenie sein und auch kein Bewegungstalent, um dir einen gesunden körperlichen Ausgleich zur Arbeit zu schaffen. In der Kita musst du schon viel sitzen, stehen, heben, tragen, gehen – das ist kein reiner Bürojob an einem Bildschirm oder eine rein stehende Tätigkeit hinter einem Verkaufstresen. Bereits in deinem beruflichen Alltag bieten sich dir Möglichkeiten, deinen Körper geschmeidig zu halten. Je mehr du das als einen beruflichen Vorteil sehen kannst, desto leichter wird es dir fallen, die Bewegungsmöglichkeiten deiner Kita zu deinem Vorteil zu nutzen.

Manchmal denkst du, du hast keine Kraft mehr. Manchmal herrscht in einem Raum voller Kinder eine Luft zum Schneiden. Manchmal sitzt du auf deinem Stuhl und dir ist einfach alles zu viel. Oder du hattest derart viel Action mit den Kindern, dass du eine Pause brauchst. Du hockst geschafft in deiner Bahn nach Hause und willst nur noch deine Ruhe und eine Dusche. Alles gut. Das darf alles sein. Das ist dein Leben und das ist in Ordnung so.

Dann hast du wieder Momente, da könntest du Bäume ausreißen. Du startest mit den Kindern eine Pflanzaktion, ihr grabt Beete im Garten um und sät Blumensamen und Kräuter in die feuchte Erde. Ihr schwitzt und macht euch schmutzig. Alles gut. Alles bestens. Alles super.

Ungesund wird es erst, wenn nur Energielosigkeit, Sitzen, Erschöpfung, Bewegungsarmut und Faulenzen auf dem Tagesprogramm stehen. Über Tage, über Wochen, über Monate, vielleicht sogar über Jahre hinweg Kraftlosigkeit. Dann musst du – je früher, desto besser –, genauer hinschauen, was bei dir los ist. Wenn du dich so gar nicht mehr gerne bewegst, weder in kleinen noch in großen Dimensionen, dann wird es Zeit, zu handeln. Ein Check-up bei deinem Hausarzt oder deiner Hausärztin kann herausfinden, ob dir wichtige Mineralien oder Vitamine fehlen oder ob etwas anderes dich körperlich beeinträchtigt. Verletzungen, eine chronische Erkrankung, wie Diabetes, oder auch starkes Übergewicht oder Schmerzen können den natürlichen Bewegungsdrang stark herabsetzen und das ist für eine Tätigkeit in einer Kita ziemlich problematisch.

Kinder wollen und müssen sich bewegen und benötigen auch körperliche Unterstützung dabei. Wende dich an Ärztinnen und Ärzte deines Vertrauens, wenn du das Gefühl hast, den körperlichen Anforderungen deines Kita-Jobs nicht (mehr) gewachsen zu sein. Das ist in jedem Fall hilfreicher, als es aussitzen zu wollen oder zu verschleiern. Es gibt ausreichend mentale und körperliche Hilfsmaßnahmen, du musst nur den Weg gehen, nach ihnen zu suchen und sie anzunehmen. Dafür braucht es deine geistige Beweglichkeit, mit der du Probleme als solche anpackst und nach Lösungen suchst.

Vom Wutsammeln und vom Frustabbau

In Situationen, die dich frustrieren, laufen in deinem Körper chemische Prozesse ab, die inneren Druck in dir erzeugen. Dein Herzschlag beschleunigt sich, deine Haut wird stärker durchblutet, darum kann es zu einer Rötung deiner Haut kommen. Sicher bist du schon Menschen begegnet, die „vor Wut oder Zorn kochen" und die dann eine hochrote Gesichtsfarbe haben oder deren Hals du dabei beobachten kannst, wie er von unten nach oben rot anläuft. Ihr Atem geht stockend, sie vibrieren am ganzen Körper, manche ballen ihre Hände zu Fäusten und versteifen ihren Körper. Schon bei Kindern ist diese Reaktion auf Stress und Frustration erkennbar – wie ein drohendes Gewitter sozusagen. Wenn Kinder sich wehgetan haben oder unmittelbar vor einem Weinanfall sind, dann holen sie auch erst einmal eine Zeit lang ganz tief Luft und halten dann die Luft an, sodass es still wird und man denkt, entweder ist doch alles nicht so schlimm oder sie fallen gleich in Ohnmacht. Und dann, mit einem Mal, bricht es aus ihnen hervor: ein Aufschrei, ein Klagen, Jammern, Weinen, möglicherweise Hilferufe oder Anklagen, unterbrochen von Lauten des Leids. Bei Kindern hilft es dann oft, sie festzuhalten, ihnen sprichwörtlich einen Halt zu geben, eine Sicherheit, in die sie sich fallen lassen können. Ihr Ausbruch ebbt dann nach und nach ab, ihr steifer Körper erschlafft zusehends, sie können den inneren Druck loslassen und wieder freier atmen.

Uns Erwachsene hält sehr, sehr selten jemand im Falle eines Zorn- oder Wutausbruchs. Am ehesten noch in einem Fall tiefer Betroffenheit und Trauer nehmen wir Großen einander tröstend in die Arme. Und geben uns so Halt und Sicherheit. Wir Erwachsene erwarten von uns, mit Wut, Zorn und Frustration „angemessen" und möglichst kognitiv – also hirngesteuert – umzugehen. Darum sammeln wir unsere Momente, in denen wir wütend, traurig oder zornig sind, auch gerne in uns an. Wir negieren diese Gefühlsregungen so lange, bis wir nicht mehr können. Wir entwickeln persönliche Strategien der Kompensation negativ besetzter Gefühle, indem wir beispielsweise nach vermeintlichen Ventilen suchen und diese pflegen.

Die Kompensation verschafft uns Befriedigung und diese Befriedigung ist quasi die Entschädigung für all die negativen Empfindungen, die wir aushalten und zurückhalten, um nicht „auszuflippen" im Alltag. Da kann der Sport ebenso zum Kompensationsfaktor werden wie Psychopharmaka, Alkohol, Nikotin oder das Spielen und Zocken im Internet oder in der Spielhalle. Je stärker du deine Wut, deine Trauer oder deinen Zorn in dir ansammelst, ohne sie auszuleben und abzubauen, desto eher lauert die Gefahr der „Überkompensation"[8]. Du wirst anfälliger für ein schädigendes Suchtverhalten. Während du dir anfangs am wohlverdienten Feierabend ein Feierabendbierchen oder ein Glas Wein gönnst oder zur Belohnung des Tages eine Tafel Schokolade, kann es dazu kommen, dass die Häufigkeit und Menge des Konsums steigt und irgendwann zur Selbstverständlichkeit für dich wird. Frustration, die nicht gesund abgebaut wird, kann dazu führen, sich selbst zu schädigen – obwohl man eigentlich nach einer Belohnung für sich sucht!

Ob gesüßte Getränke, wie Cola, Limonade oder sogenannte Energydrinks, Schokoladiges, Reste von Geburtstagsfeiern der Kinder, Kuchen oder Gummibärchen – in Kitas findest du immer mehr oder weniger versteckte Depots, an denen sich das Fachpersonal bedient. Wobei es auch Kolleg*innen gibt, die damit gar nichts am Hut haben. Die anders kompensieren. Die vielleicht ausschließlich nach Feierabend kompensieren. Die andere Mittel und Wege anwenden, um mit ihrem inneren Druck umzugehen. Oder die ganz glücklichen Menschen, die gar keine inneren (Über-)Drucksituationen kompensieren müssen, weil sie keine haben.

> Süßigkeiten sind die legalen Drogen von Kita-Mitarbeiter*innen.
>
> *Heike Heilmann*

[8] *Vgl. hierzu die Werke des österreichischen Arztes und Psychologen Alfred Adler (1870–1937) zur „Individualpsychologie".*

Ganz ehrlich, zählst du dich dazu? Oder gibt es bei dir auch etwas, von dem du denkst, es dient dir zur Kompensation und manchmal auch zur Überkompensation, sodass du dir zu viel des Guten gibst? Zu viel Sport, zu viel Wein, zu viel Party, zu viel Konsum, zu viel Nikotin, zu viel Essen, zu viele Süßigkeiten, zu viel Schlaf, zu viel Faulenzen, zu viel Computer, zu viel, um ein Zuwenig auszugleichen?

Na dann: Willkommen im Club!

Denn wir Menschen neigen zu Schwächen. Wir wissen, was uns guttäte – und tun es dann doch nicht. Und das ist gar nicht tragisch. Es kann aber sehr hilfreich sein, sich mit seinen Schwächen zu befassen und sie nicht als unabänderlichen Dauerzustand hinzunehmen.

Bist du traurig, gerührt, verletzt oder empfindlich getroffen, hilft dir Weinen und ein tröstender Mitmensch mehr als alles andere auf der Welt. Bist du zornig oder wütend, hilft dir ein lauter Schrei, eine schnelle Runde um den Block oder laute Musik und Bewegung am besten, den inneren Druck abzubauen.

Doch nimmst du dir hierfür die Zeit? Gerade in der aktuellen Frustsituation? In der Kita? Vor den Eltern oder Kindern oder Kolleg*innen? Womöglich mitten in der Dienstbesprechung, wenn das leidige Thema „Mülltrennung" dir so richtig auf die Nerven geht und du am liebsten „ausrasten" würdest?

Richtig, vermutlich nicht. Es wäre irgendwie unangemessen. Du reißt dich zusammen, so wie du dich an diesem langen Arbeitstag jedes Mal zusammengerissen hast, wenn dich etwas geärgert oder aufgeregt hat. Und das ist auf Dauer nicht gut für dich. Hier darfst du etwas verändern.

Beginne im Kleinen, indem du um eine Pause oder kurze Auszeit in der Kita bittest, wenn du Frust abbauen solltest. Bitte eine Kollegin oder einen Kollegen, dich in der Gruppe kurz zu vertreten, öffne im Teamzimmer ein Fenster, recke und strecke deine Glieder, atme tief ein und aus oder laufe tatsächlich für einige Minuten schwungvoll durch die Kita oder den Garten. Lass an einem geeigneten Ort einen oder zwei Brüller los und schüttle deinen Körper aus. Hüpfe auf und ab oder biete an, die Materialkammer gründlich aufzuräumen, wenn die Kinder deiner Gruppe dafür mitbetreut werden von Kolleg*innen. Suche nach kreativen Bewegungsmöglichkeiten, um deinen Frust gesund abzureagieren. Bitte um eine Pause in der Teamsitzung oder darum, dir eine kurze Auszeit nehmen zu dürfen, wenn du innerlich unruhig wirst und frische Luft dir guttun würde. Das sind erste Schritte in eine gesunde Richtung, mit Frustration umzugehen.

Dank den Hobbys

In deiner Freizeit gehst du je nach Neigungen und Verpflichtungen, die du außerhalb der Kita pflegst, deinen Hobbys nach. Ich hoffe jedenfalls für dich, dass du das machst – denn ein Ausgleich zu deiner wertvollen Arbeit verschafft dir Erholung und diese Erholung brauchst du, um neue Energie zu tanken und Kraft zu schöpfen.

Am Anfang deiner beruflichen Laufbahn bist du möglicherweise aktiv in einem Sportverein oder gehörst einer Gruppe an, die regelmäßig trainiert. Dann sind oft mindestens zwei oder drei Tage beziehungsweise Abende vorgegeben, an denen du dich deinem Hobby widmest. Du bist jung, du kommst mit weniger Schlaf aus und genießt dein Abendprogramm in vollen Zügen. Du gehörst einer Clique an, bist kommunikativ und erlebst zahlreiche Dinge und Situationen zum ersten Mal in deinem Leben. Schulabschluss, Führerscheinprüfung, erste Liebesbeziehungen und womöglich Trennungen und deine ersten eigenen vier Wände: Du erlebst in deinen jungen Jahren – ohne es bewusst wahrzunehmen – deine Schritte ins Erwachsenenleben mit all seinen Höhen und Tiefen. Du hast gelernt, Niederlagen einzustecken und Erfolge zu feiern. Du kennst einsame Momente, in denen du tieftraurig bist und dich allein fühlst – und du kennst es, Party zu machen und alles Negative einfach mal auszublenden. Das Leben eröffnet dir viele Perspektiven und Möglichkeiten, du weißt noch nicht, was in fünf, zehn oder gar in 20 Jahren sein wird. Menschen, die bereits 30 Jahre oder älter sind, erscheinen dir ziemlich alt und in ihrer Entwicklung weit weg von dir zu sein. Menschen über 40 oder gar 50 Jahren könnten deine Eltern oder Großeltern sein.

Wenn du in einem Team arbeitest, das mehrere Generationen umfasst, dann hast du die Qual der Wahl, wem du dich näher verbunden fühlst und wem nicht. Das kann unabhängig von Alter und Geschlecht sein. Das kann an einzelnen Erlebnissen hängen, die du mit Kollegin Monika oder Kollege Hannes teilst. Vielleicht besteht mit Monika oder Hannes gleich eine stimmige Chemie oder sie erinnern dich an jemanden aus deiner Familie, den du sehr magst. Als junger Mensch ist es jedenfalls ein großartiges Geschenk, in ein bunt gemischtes Kita-Team zu kommen, hier kannst du unheimlich viel lernen und davon profitieren, auf Menschen zu treffen, die mehr Lebenserfahrung besitzen als du. Du kannst für dich entscheiden, wen du magst und wen nicht, du kannst dir ältere Kolleg*innen zum Vorbild nehmen – positiv und auch negativ.

Du erlebst viele verschiedene Geschichten in deiner Kita. Und in deinem Leben. Du erfährst von richtigen und falschen Entscheidungen im Leben anderer Menschen, du lernst unterschiedliche Lebenseinstellungen kennen und du erkennst deine Möglichkeiten, deinem eigenen Leben Sinn und Richtung zu geben. Du bist selbst Vorbild. Für die Kinder deiner Kita bist du so alt, erfahren und erwachsen, wie es deine Oma für dich ist.

Die Kita-Kinder sehen, ob du freundlich bist oder mürrisch, sie erleben dich als zugewandt oder mit dir selbst beschäftigt, sie nehmen dich als warmherzig oder kaltherzig wahr, sie suchen deine Nähe oder meiden dich. Wie also möchtest du sein, liebe*r Leser*in?

Bei aller Professionalität: Es ist einfach schön und angenehm, bei den Kindern beliebt zu sein. Den Kindern nahe zu sein, ihr Vertrauen zu genießen und ihnen helfen zu können, wo sie Unterstützung brauchen. Das gilt auch für dich und deine Kolleg*innen. Menschen, die selbst gerne leben und die ihr Leben als ein Geschenk sehen und froh darüber sind, wirken sympathischer als Menschen, die Trübsal blasen und meckern.

Beobachte spaßeshalber mal Menschen auf die Entfernung, also ohne Ton. Zum Beispiel durch eine Glasscheibe oder aus der Bahn heraus. Beobachte ihre Gestik und Mimik, wenn sie sich unterhalten. Du kannst auch ohne Worte sehen, ob Menschen verärgert sind oder traurig oder wütend oder erheitert oder fröhlich oder zugewandt oder genervt. So können auch Kinder, die kein Wort verstehen, weil sie (noch) nicht sprechen oder die deutsche Sprache nicht verstehen, aus Gestik und Mimik lesen. Es ist also nicht das Wichtigste, was du sagst, sondern wie du sprichst. Und darüber hast du im Alltag nur sehr bedingt die Kontrolle, gerade in stressigen Momenten, spiegelst du quasi ungefiltert deine Gefühle nach außen – ob du willst oder nicht.

Deine Hobbys in deiner Freizeit spiegeln ebenfalls deine Persönlichkeit wider. Sofern du ihnen aus freien Stücken nachgehst, zeigen sie deine Neigungen, deine Wünsche und deine Haltung deinem Leben gegenüber.

Bist du ein Mensch ohne Hobbys – aus welchem Grund auch immer – neigst du zu einem passiven und/oder fremdbestimmten Leben. Du lässt dir von anderen vorgeben, wie deine Freizeit aussieht, du funktionierst, du tust, was getan werden muss, dein Genuss und deine Vorlieben stehen hinten an, vielleicht machst du dir nicht einmal Gedanken darüber, was du gerne an Hobbys hättest – keine Zeit, keine Möglichkeiten, kein Geld, andere Sorgen. Wo findet dann dein Ausgleich zur Arbeit statt? Wo bist du dir dann wichtig genug, dich mit Dingen zu beschäftigen, die dir Freude bereiten oder die du gut beherrschst oder die dich abschalten und auftanken lassen? Wer sollte das für dich regeln, wenn nicht du selbst?

Indem du dich für etwas interessierst und dich damit beschäftigst, lenkst du deine Aufmerksamkeit darauf. Deine Gedanken und Gefühle kreisen um ein anderes Thema als Kita, du bist raus aus dem beruflichen Kontext und deine Energie fließt in andere Bereiche – und zwar in Bereiche, die du magst und/oder die dich herausfordern. Du bist aktiv, engagiert, motiviert und im besten Falle sogar im Austausch mit anderen. Deine Hobbys wollen gepflegt werden, ebenso wie Freundschaften und zwischenmenschliche

Beziehungen in deiner Familie oder deinem sozialen Umfeld. Aber im privaten Bereich, bei deinen Hobbys und in deiner Freizeit solltest du nicht „funktionieren" müssen und Arbeitsaufträge ausführen, sondern du solltest ohne (berufliche) Anstrengung einfach nur sein können. Deine Hobbys sollten dir Spaß bereiten, du solltest für dich einen persönlichen Nutzen aus ihnen ziehen. Hobbys, die dich frustrieren oder dir schaden, sind auf Dauer schädlich für deine Gesundheit.

Deine Arbeit bedeutet immer auch negativen Stress und Fremdbestimmung, insofern sollten deine Hobbys dir keine Sorgen oder Anstrengungen bereiten, die du nicht ausgesprochen gerne auf dich nimmst, weil es sich für dich am Ende auszahlt. Eine lange und anstrengende Wanderung durch Berg und Tal lohnt sich wegen der grandiosen Aussichten und des sensationellen Körpergefühls – vor allem nach der Wanderung. Absolvierst du die gleiche Wanderung unter Schmerzen und hältst nur durch Schmerztabletten durch – dann lasse es lieber sein!

Du solltest deine Hobbys an deinen Möglichkeiten orientieren und dabei berücksichtigen, dass sich deine mentale und körperliche Fitness im Laufe der Zeit verändert. Hobbys, die du eine Zeit lang ausgiebig und gerne absolviert hast, sind vielleicht irgendwann nicht mehr möglich. Aber es gibt ja ausreichend Angebote und Möglichkeiten, die du ergreifen kannst. Es ist nie zu spät für ein neues Hobby in deinem Leben. Und auch nie zu früh, mit neuen Hobbys zu beginnen.

Das sind deine fünf Minuten am Abend

Du kommst nach der Arbeit nach Hause und erledigst mechanisch mehrere Dinge gleichzeitig: Jacke oder Mantel ausziehen und aufhängen, Tasche(n) abstellen, Post anschauen, für frische Luft sorgen und die Fenster öffnen oder Heizung aufdrehen, Einkäufe auspacken und wegräumen, Musik oder Fernseher anschalten, Handy checken, Hände waschen, Telefonate erledigen, Nachrichten checken und versenden, Wäsche waschen, Geschirr spülen, Essen vorbereiten, Hausarbeiten abarbeiten, duschen, vielleicht Kinder oder Partner*in versorgen ... – und das alles ohne eine Pause oder eine kurze Zeit nur für dich. Ist dir das geläufig, kennst du das Gefühl, dich auf zu Hause zu freuen und dann von einer Tätigkeit in die nächste zu schlittern?

Dann kommen hier deine ultimativen **„Fünf-Minuten-Feierabend-Tipps"**:

- *Bereite dir am Morgen bereits einen Willkommensgruß für deinen Feierabend vor; eine Tasse steht neben deinem Wasserkocher in der Küche. Du kommst heim, betätigst als Erstes den Wasserkocher und füllst dir ein leckeres Heißgetränk deiner Wahl in die Tasse (Kaffee, Tee, heiße Zitrone, Cappuccino ...). Lege dir eine Auswahl an potenziellen Lieblingsgetränken zu und probiere dich munter durch!*
- *Platziere im Eingangsbereich ein Räucherstäbchen auf einem entsprechenden Halter und entzünde es gleich, wenn du zur Tür hereinspazierst. Der Duft verbreitet Wohlfühlatmosphäre.*
- *Öffne deine Post nicht gleich. Selten, sehr selten sogar, ist es wirklich so dringend, dass sie gleich geöffnet werden muss. Sammle deine Post ruhig mal einige Tage und öffne sie erst dann. Postfreie Tage tun unter Umständen richtig gut und entschärfen dein Heimkommen.*
- *Begib dich an einen Lieblingsfensterplatz in deinem Zuhause, öffne das Fenster und atme einige Male tief ein und aus – bevor du irgendetwas anderes tust. Einfach nur tief atmen.*
- *Hast du ein Haustier, dann suche als Erstes den Kontakt zu ihm. Ist es ein Hund, kannst du als Erstes einen Spaziergang mit ihm unternehmen und alles andere später machen. Eine Katze, ein Kaninchen, ein Meerschweinchen, ein Vogel oder ein anderes Haustier wohnt bei dir? Dann auch hier: Suche und genieße den Kontakt zu deinem Haustier, indem du es beobachtest, begrüßt, mit ihm oder zu ihm sprichst, ... – erst danach machst du all die anderen Dinge.*
- *Lebst du mit Menschen zusammen, gilt im Prinzip das Gleiche: Begrüße sie, umarme sie, gehe in Kontakt mit ihnen – und erst dann erledige deine Pflichten oder deine Routine. Mit einer Umarmung „im Rücken" geht vieles leichter von der Hand.*

- *Bereite dir morgens schon eine Wellness-Dusche oder ein Bad vor. Du kannst beispielsweise aus Kaffeepads oder aus Kaffeefiltern den Kaffeesatz aufheben, ihn mit etwas Zitronensaft und Olivenöl mischen und in dein Badezimmer stellen. Funktioniert auch mit einer Mischung aus grobem Meersalz und Honig. Der Duft liegt dann im Badezimmer, wenn du heimkommst, und du hast ein prima Peeling, das ganz ohne Verpackung und Drogeriemarkt funktioniert. Das Peeling wirkt stimulierend, reinigend und pflegend zugleich, zudem verleiht es dem Feierabend einen Hauch von privatem Spa ... – der bereitliegende Bademantel lädt dich ein, dich einzukuscheln, und Kerzen warten nur darauf, von dir entzündet zu werden.*
- *Deine fünf Minuten bestehen heute darin, die Haustür hinter dir zu schließen und dich, so wie du bist, von innen an sie zu lehnen, deine Augen zu schließen und durchzuatmen ... Wonach ist dir? Was möchtest du gleich machen? Was geht dir durch den Kopf? Alles kann. Nichts muss. Fünf Minuten laufen lassen, nur angelehnt dastehen und laufen lassen.*

Die drei schönsten Momente des Tages

Du liegst im Bett. Im Dunkeln. Kommst zur Ruhe. Wärme breitet sich unter deiner Decke aus. Egal ob du alleine schläfst, dein*e Partner*in anwesend ist oder vielleicht deine Kinder bei dir schlafen, du kannst dir deine drei schönsten Momente des Tages entweder still in deinem Inneren aufzählen oder sie mit deinen liebsten Menschen teilen, indem ihr darüber sprecht oder flüstert.

„Was waren deine drei schönsten Momente des Tages?“ lautet die Frage.

Nicht, ob es welche gab oder nicht.

Meist gehst du dann innerlich deinen Tag durch, chronologisch vom Erwachen und Aufstehen über den beruflichen Alltag mit all seinen Facetten und dem restlichen Tag und Abend. Du lässt deinen Tag Revue passieren, machst dir einzelne Momente bewusst und „suchst“ quasi nach schönen Augenblicken. Das lenkt dich zum Ausklang deines Tages in eine positive Richtung. Es existieren nur wenige Tage, an denen du das Gefühl hast, nur schlechte Momente gehabt zu haben – oder gar keine Lust hast, deine drei schönsten Momente aufzuzählen. Du findest zu deiner inneren Schatzkiste mit kleinen Glücksmomenten, die deinen Reichtum beschreiben.

Im Umgang mit Kindern geschehen immer auch schöne Dinge und selbst wenn diese noch so klein und wenige sein mögen – du machst sie ausfindig, glaube mir. Da war der Moment, als Marlene ihre kleine Hand in deine schob beim Spaziergang heute … oder Jona, der heute seine ersten Schritte gemacht hat … oder Kollegin Christina, die statt deiner den Spätdienst übernommen hat, wodurch du deine Tochter früher vom Hort abholen konntest (und ihr spontan ein Eis essen wart) … oder der Moment, als dein Partner Bernd dich beim Abendessen für das leckere Kartoffelgratin lobte … oder die frohe Nachricht deiner Freundin Jette, sie sei endlich, endlich schwanger und total happy … oder die Mitteilung, statt einer Nebenkostennachzahlung gebe es dieses Mal eine Rückerstattung an dich … sei sicher, wenn du danach Ausschau hältst, dann findest du an (fast) jedem Tag deine persönlichen drei schönsten Momente.

Und wenn du auch noch jemanden hast, mit dem du diese drei Momente vor dem Einschlafen teilen kannst, umso besser, oder? Also lade ruhig deine „Mitschläfer*innen“ in deinem Haushalt ein und erzählt euch vor dem Einschlafen eure jeweiligen schönsten drei Momente eures Tages.

Schlusswort

Das Berufsbild des pädagogischen Fachpersonals wandelt sich. Erzieher*innen sind „Mangelware" – sie werden gesucht und benötigt an allen Ecken und Enden.

Kinder werden heutzutage ganz selbstverständlich viele Stunden am Tag „fremdbetreut", sie erfahren außerhalb ihrer familiären Situation also von klein auf die Begleitung und Betreuung durch fremde Personen. Meistens werden sie nicht gefragt, ob sie das möchten beziehungsweise ob sie das in jener Form möchten, die ihre Eltern sich ausgesucht haben. Kinder funktionieren in unserem Bildungssystem, indem sie sich darin einfügen und anpassen – oder sie haben Probleme damit.

Wir erwachsenen Menschen tragen hier die Verantwortung für nachfolgende Generationen. Dieses Buch will Erzieher*innen Anerkennung vermitteln für diese wichtigen Aufgaben, Kinder in ihrem Heranwachsen zu begleiten. Dieses Buch will aber auch Mut machen zu einer kritischen Auseinandersetzung mit den sensiblen Bereichen, die mit der Betreuung von Kindern einhergehen.

Bist du der*die Erzieher*in, der*die du selbst als Kind gerne gehabt hättest, liebe*r Leser*in?

Bist du selbst die Mutter oder der Vater (oder wirst du es einmal sein), die in deiner Kita von allen Kolleg*innen wertgeschätzt und gelobt würde?

Im Leben geht es nicht darum, perfekt zu sein oder von möglichst vielen Menschen gemocht zu werden, glaube ich. Aber sich selbst zu mögen und in seinem Leben sein Bestes zu geben (beruflich wie privat) – darum dreht sich schon irgendwie alles im Leben. Das beurteilen kannst nur du! Kein*e andere*r ist in der Lage, in deine Gedanken- und Gefühlswelt einzutauchen.

Und genau das aber ist zentral: Lerne dich und deine Denk- und Fühlweisen kennen, setze deine Haltungen, Meinungen und Handlungen in Kontext zu deiner beruflichen Wirklichkeit und entscheide du, was für dich wirklich zählt – im Leben, im Beruf, in Beziehungen, in Wertevorstellungen, im Bildungssystem. Und stehe zu dir selbst und für dich ein.

Dann kannst du Kindern zu dem werden, was sie dringend benötigen: ein positives und selbstbewusstes Vorbild, an dem sie sich orientieren können!

Medientipps

- *Adler, A.:*
  Praxis und Theorie der Individualpsychologie.
  Anaconda Verlag, Köln 2012.
- *Hay, L.:*
  Das große Buch für Körper und Seele.
  Allegria Verlag, Berlin 2017.
- *Hubrig, S.:*
  Bewegungsspiele für mehr Sozialkompetenz in Kindergruppen.
  Cornelsen Verlag, Berlin 2018.
- *Meindl, R.:*
  Selbstverantwortung: Alfred Adlers Individualpsychologie in Beziehung, Beruf und Gesellschaft.
  2. Aufl. KIENER Verlag e.K., München 2019.
- *Plattform Ernährung und Bewegung (Hrsg.):*
  Gesunde Kita – starke Kinder! Methoden, Alltagshilfen und Praxistipps für die Gesundheitsförderung in Kindertageseinrichtungen.
  Cornelsen Verlag, Berlin 2011.
- *Scherwath, C.:*
  Was Klaras Verhalten uns sagen kann: Ressourcenorientierte Zugänge bei auffälligem Verhalten.
  Cornelsen Verlag, Berlin 2018.
- *Spitzer, M.:*
  Dopamin und Käsekuchen: Hirnforschung à la carte.
  Schattauer Verlag, Stuttgart 2011.
- *Spitzer, M., Herschkowitz, N.:*
  Wie wir denken und lernen: Ein faszinierender Einblick in das Gehirn von Erwachsenen.
  mvg Verlag, München 2020.